Carlo Raimondo Montecuccoli
Nasser S.Gabryel

Mondialisation Politique Et Internationalisation Des Élites

Carlo Raimondo Montecuccoli
Nasser S.Gabryel

Mondialisation Politique Et Internationalisation Des Élites

Sociologie du politique

Presses Académiques Francophones

Impressum / Mentions légales
Bibliografische Information der Deutschen Nationalbibliothek: Die Deutsche Nationalbibliothek verzeichnet diese Publikation in der Deutschen Nationalbibliografie; detaillierte bibliografische Daten sind im Internet über http://dnb.d-nb.de abrufbar.
Alle in diesem Buch genannten Marken und Produktnamen unterliegen warenzeichen-, marken- oder patentrechtlichem Schutz bzw. sind Warenzeichen oder eingetragene Warenzeichen der jeweiligen Inhaber. Die Wiedergabe von Marken, Produktnamen, Gebrauchsnamen, Handelsnamen, Warenbezeichnungen u.s.w. in diesem Werk berechtigt auch ohne besondere Kennzeichnung nicht zu der Annahme, dass solche Namen im Sinne der Warenzeichen- und Markenschutzgesetzgebung als frei zu betrachten wären und daher von jedermann benutzt werden dürften.

Information bibliographique publiée par la Deutsche Nationalbibliothek: La Deutsche Nationalbibliothek inscrit cette publication à la Deutsche Nationalbibliografie; des données bibliographiques détaillées sont disponibles sur internet à l'adresse http://dnb.d-nb.de.
Toutes marques et noms de produits mentionnés dans ce livre demeurent sous la protection des marques, des marques déposées et des brevets, et sont des marques ou des marques déposées de leurs détenteurs respectifs. L'utilisation des marques, noms de produits, noms communs, noms commerciaux, descriptions de produits, etc, même sans qu'ils soient mentionnés de façon particulière dans ce livre ne signifie en aucune façon que ces noms peuvent être utilisés sans restriction à l'égard de la législation pour la protection des marques et des marques déposées et pourraient donc être utilisés par quiconque.

Coverbild / Photo de couverture: www.ingimage.com

Verlag / Editeur:
Presses Académiques Francophones
ist ein Imprint der / est une marque déposée de
AV Akademikerverlag GmbH & Co. KG
Heinrich-Böcking-Str. 6-8, 66121 Saarbrücken, Deutschland / Allemagne
Email: info@presses-academiques.com

Herstellung: siehe letzte Seite /
Impression: voir la dernière page
ISBN: 978-3-8381-7657-4

COSMOPOLITISME ET POSTMODERNITE

Nasser SULEIMAN GABRYEL

Carlos FITZJAMES

COSMOPOLITISME ET POSTMODERNITE

TABLE DE MATIERE

Nasser SULEIMAN GABRYEL

Introduction : Appartenance et cosmopolitisme p.3

Nasser SULEIMAN GABRYEL

Section 1 Une phénoménologie appliquée : l'identité postmoderne ; un processus dialectique contre une éthique dialogique p.22

Section 2 Du postmodernisme et de la postmodernité p.29

Section 3 Al Adl wal ihsane : Raison et déraison de l'idéologie dominante, critique d'un essai de construction sociale p.32

Nasser SULEIMAN GABRYEL /Carlos FITZJAMES

Section 4 Le PJD : Un long processus d'institutionnalisation politique; la marocanisation de l'islam politique p.45

Carlos FITZJAMES

Section 5 Politique régionale et décentralisation marocaine p.46

COSMOPOLITISME ET POSTMODERNITE

Nasser SULEIMAN GABRYEL

INTRODUCTION :
APPARTENANCES ET COSMOPOLITISME

La question de l'identité en particulier arabe a donné lieu à plusieurs lectures riches et souvent contradictoires, j'aimerai l'aborder à partir d'une relecture historique de l'occidentalisation notamment par l'hypothèse d'un cadre chronologique et temporel. Cette démarche relevant de l'histoire et de la sociologie des représentations vise à expliciter la notion d'identité non dans le cas d'une vision culturaliste, mais plutôt dans une approche globale et historique. Par conséquent, notre axe de recherche veut participer à l'étude de l'occidentalisation comme processus cosmopolite. Le terme de l'occidentalisation dans le monde arabe, *taghrib*, se situe dans un processus long, fruit de l'expansion coloniale et impériale occidentale de la fin du XIXe siècle. Il s'organise par de multiples aspects : idéologique, politique, intellectuel et culturel. En effet, les sciences (en premier lieu l'anthropologie) de l'Autre deviennent un moyen actif de domination des différentes cultures. Le modèle descriptif de type ethnologique (exemple : intervention de Bonaparte en Egypte en 1798) est valorisé par les savants occidentaux afin de produire une masse cumulative de connaissances susceptibles de maîtriser les populations indigènes et de les adapter à la représentation euro centrique.

Dans notre étude de cas, nous décrirons à partir du terrain marocain les différentes matérialisations de l'occidentalisation, les modes de son action, sa conception du monde et la manière dont elle s'est intégrée ou non aux scènes nationales. Nous verrons que cette dernière question trouve moins sa réponse dans une stratégie de domination directe imposée aux cultures et mentalités du monde arabe que par une fluidité adaptable selon les contextes dans une formalisation préétablie des systèmes d'idées en vigueur chez les différentes régions du monde. Derrière le prisme de la diversité, la présupposition d'une pluralité apparente devient relative dès lors que l'étude se situe sur des espaces géo historiques datés et concrets : le Maroc dont l'ouverture envers l'Occident est à mon sens l'une des plus importantes dans le monde arabe.

Il convient dans un premier temps d'identifier les différents aspects socio-historiques et pour chacun d'eux d'effectuer une lecture détaillée. Pour ce faire, il faut au préalable prendre sa distance avec une historiographie de la segmentarisation et de la différenciation identitaire. Dans ce cadre, le Maroc est le champ d'expérimentation d'une science appliquée mise au service d'une politique de la connaissance. De manière générale, cette démarche conduit de manière schématique à une lecture binaire visant à produire une expertise apte à saisir les possibilités de contrôle politique et social de populations jusque là dissidentes « *l'étonnante contradiction* » *qui préside au fonctionnement du système marocain, avec, d'un côté, l'égalitarisme sourcilleux et le libertarisme des « tribus sédentaires ou nomades de la Berbérie (...) qui s'attachent à faire respecter dans leurs États primitifs des institutions démocratiques ou oligarchiques » et, de l'autre, l'irrésistible propension et la capacité « des chefs des principautés capables de briser par leurs propres forces toutes les résistances [à] constituer en quelques années de vastes commandements et même [à] fonder des dynasties[1]* ». Cette politique prend donc une architecture des représentations : « *Opposition, d'autre part, entre les territoires et les populations soumis à l'autorité, en particulier fiscale, de l'État chérifien, bled makhzen, et les espaces de dissidence, bled siba, qui apparaît aux observateurs, dont Michaux-Bellaire, comme la « formule » même qui préside au fonctionnement du système politique marocain que le Protectorat doit s'attacher à préserver en mettant en œuvre une double politique, proprement impraticable sans l'apport de la « sociologie musulmane » : une « politique makhzen » visant à réformer par le haut, « en douceur », les appareils et les modes de fonctionnement de l'État marocain ; une « politique des tribus » visant, en jouant sur les rapports de force locaux, à constituer des clientèles dont les intérêts dépendent du pouvoir colonial, y compris contre l'État chérifien[2].* »

---

[1] MONTAGNE R., cité par ROUSSILLON, 1930, *Les Berbères et le Makhzen dans le sud du Maroc. Essai sur la transformation politique des Berbères sédentaires (groupe Chleuh)*, Paris, Alcan.pp, vii-viii. [18].

[2] A. ROUSSILLON, « *La sociologie en Égypte : Durkheimisme et Réformisme Fondation identitaire de la sociologie en Egypte* » Annales HSS, novembre-décembre 1999, n° 6, pp. 1363-1394

COSMOPOLITISME ET POSTMODERNITE

A partir d'une lecture critique d'un paradigme culturaliste et identitaire, nous avons cherché au contraire à proposer une approche qui met l'action sur les interactions. Ce travail s'est élaboré autour d'un axe principal à partir des résultats d'une série d'enquêtes de terrain réalisées en 2006, 2007, 2008 dont la durée va de trois semaines à deux mois majoritairement durant les mois d'été (juillet, août) et d'automne (septembre). Ce travail s'est fait en utilisant de manière plus ou moins importante des méthodes actives (observation participante, étude de l'oralité) avec une utilisation variable de différents rapports à l'objet (textes, réseaux de relations, et dans une moindre mesure, des enquêtes par questionnaire).

Elle s'articule sur trois mondes sociopolitiques qui contextualisent le questionnement.

Le premier de type politico-institutionnel : il recoupe l'ordre des « grandes institutions » : les institutions de décision (la monarchie), en passant par les institutions d'exécution (les gouverneurs) et les institutions de médiation (la presse).

Le second de type sociologique se situe dans le régime des mutations :

Les mutations de représentation (le passage d'un régime autocentré sur la communauté historique vers un régime poly centré lié au binôme ville-campagne).

La mutation d'ordre anthropologique (du modèle traditionnel à un modèle hybride qui relie de manière imparfaite des éléments de modernité et de tradition).

Le troisième type est de type interpersonnel et intersubjectif : il se situe au niveau communautaire dans les rapports individuels et collectifs : la fabrication des liens sociaux, des situations de pouvoirs, l'organisation des régimes de discours et de justifications.

Ces trois niveaux produisent à leur niveau concret des taxinomies spécifiques qui instituent à différents degrés une réalité de la société, du monde, c'est-à-dire de la légitimité et de l'illégitimité.

Ainsi, le sujet étudié nous permet de poser la question sans cesse renouvelée des « politiques d'ajustement » des groupes sociaux mis à l'épreuve face au processus de globalisation économique que le cosmopolitisme politique et culturelle induit. Au-delà des débats de l'épistémologie, le récit global ne doit donc pas être restreint à un imperium abstrait d'une raison lointaine.

Dans mon optique l'occidentalisation est un ordre anthropologique de transmission et de reproduction culturelle. Elle a traduit plusieurs phases historiques depuis l'expédition de Bonaparte en 1798.De manière historique, le modèle culturel occidental loin d'être considéré uniquement comme une source d'aliénation, a été utilisé pour construire de manière moderne les piliers d'une conscience arabe (notamment dans le cadre du nationalisme arabe de la fin du XIX siècle. A partir des années 1970, ce processus changede manière significative d'échelle. Dans cette configuration, l'occidentalisation comme transmission se « démocratise » culturellement et s'élargie à différentes couches de la population : l'occidentalisme moderne. Ce processus remet en question la première forme de l'occidentalisation retreinte à une prise de conscience liée à la déculturation scolaire dans le cadre de fonctions hiérarchique définis dans un contexte particulier. Dans une seconde forme actuelle, l'occidentalisme est un régime de la démocratie des valeurs, reliée à une islamité des principes. A ce stade, tout individu peut par le moyen des médias et de certaines valeurs partager et construire des savoirs en « mixant » des micros récits d'identités (islam, matérialisme, occidentalisme, hédonisme)

De manière plus précise, dans la configuration de notre terrain marocain, la socialisation traditionnelle par la cellule familiale : élément fondamental de la réalité individuelle et collective, devient l'espace d'extension d'une occidentalisation vue comme un phénomène de modernisation. Ce nouvel âge est transmis par l'intermédiaire d'un amalgame entre mode de transmission traditionnelle (famille) et nouveau contexte de socialisation (emploi urbain, télévision). Le modèle de la postmodernité occidentale (Culture de loisirs, politique de tourisme, féminisation) promue et revendiqué comme le signe de la modernisation contribue à l'édification d'un modèle politique de cosmopolitisme pratique

Methodologie : Le savoir recueilli ne doit pas être vu comme un savoir politique qui serait d'autant plus politique que les acteurs observés seraient non politiques, ruraux, incrustés dans un espace linéaire et monocorde.   Il faut savoir se délier du syndrome des monographiques nostalgiques qui parachèvent l'œuvre de témoignage d'une science sociale, dépositaire de mémoire. Il ne s'agit donc pas de préempter un « terrain objet » où le praticien des sciences sociales justifierait *a priori* un type idéal de communauté humaine au détriment des institutions symboliques et matérielles de la société. La recherche frénétique de l'idéalisation du terrain est une sorte de quête existentielle qui, dans le visage incertain de l'Autre, construit en permanence et de manière à mon sens très incertaine une théorie de soi. Cela rappelle cette citation de Thomas Bernardt :

« *Je dialogue avec le frère qui n'existe pas, je dialogue avec la mère, je dialogue avec le père qui n'existe pas, je dialogue avec le passé qui n'existe pas qui n'a jamais existé... c'est la conversation avec la nature qui n'existe pas le contact avec des concepts qui n'existent pas, l'absence et l'insoumission du concept qui n'existe pas, le contact avec un matériau toujours incomplet qui ne répond pas. C'est le silence absolu c'est le désespoir absolu. Toucher du doigt des objets qui se dissolvent au moment même où on les a saisis. C'est le contact des faits qui se révèlent être des erreurs, c'est la tentative des faits qui n'ont jamais existés, les représentations par nature fausse[3]* ».

L'étude doit s'organiser par un travail préalable d'information concernant le projet et le but de la recherche effectuée. Ceci se fait en situant le récit des acteurs dans un cadre ouvert où le jeu des échelles (microsociale et méso politique) peut être utilisé de manière dynamique afin d'expliciter les mutations dans une narration comparative.

La question posée (la problématique liée à l'occidentalisation) est ouverte, elle ne sous-tend pas de s'inscrire dans un système de pensée qui ferait du monde sujet un terrain objet susceptible uniquement de fournir une réalité « prémâchée », découpée selon les désidératas du moment. Il faut partir de l'idée que donner du sens revient non pas à sur-interpréter l'objet, mais à faire toujours en préalable une analyse descriptive des cadres (objectifs et surtout subjectifs) de l'organisation sociale. Ce qui suppose de la part des participants un accord majoritaire pour légitimer les entretiens dans le strict respect de l'ordre privé des acteurs de la recherche. Accord qui fut consenti sans grande restriction, tant l'explicitation de nos motivations a été parfaitement claire. La connaissance préalable du terrain, fruit de différents séjours, a facilité mes démarches, elle permet d'appuyer une observation que j'ai essayé de pratiquer de manière détaillée et systématique. Le travail d'entretien s'organise sur

---

[3] T. BERNHARD, *une vie*, de Hans Höller L'Arche, Paris, 1994,

une analyse systématique de contenu avec des travaux qualitatifs concrétisant une approche explicative[4].

N'étant pas de formation anthropologique, notre souci fut de rester dans le cadre plus ou moins étroit de notre questionnement « l'occidentalisation » et le rapport à l'autorité qui en découle. Par conséquent, notre perspective ne vise pas à produire une approche globale de type ethnographique sur une population donnée. Elle tend uniquement à « tester » certaines problématiques mises à jour dans notre travail de thèse. Dans ce cadre, nous nous sommes attardés à analyser la question de l'occidentalisation dans l'ordre du sens commun des représentations. En tant que représentations sociales (comprises alors comme un ensemble de normes, de valeurs, de croyances ou encore d'images, d'opinions, et d'attitudes), quelle place occupe la mémoire sociale dans le champ des représentations sociales[5] ? Les groupes sociaux ont des dimensions objectives qui relèvent de traits culturels subjectifs (comme par exemple la conscience de soi).

Ce projet se doit de proposer une perspective attentive à toute dérive vers le langage indigène ou culturaliste. Ainsi, le modèle de la triangulation des sources, qui est de pratiquer un comparatisme systématique des témoignages des acteurs-informateurs, ne peut être valable, à mon sens, que s'il évite un auto centrisme ethnographique. A trop vouloir localiser les individus, ce dernier dépolitise les questions réduites souvent au prisme déformant des acteurs. Notre travail se veut circonscrit à une étude d'impact avec un espace limité et défini.

Dans nos entretiens (de type qualitatifs semi directifs) au Maroc (Hawzia, région d'Azemour, Mohammedia, Casablanca) il est frappant de constater un processus de cosmopolitisme pratique échappant à l'idée ordinaire d'une fracture entre ouverture des élites et fermetures des populations rurales.C'est dans son optique que s'insère la notion de cosmopolitisme pratique, qui relève de la pratique des acteurs dans une situation donnée ou en parallèle à la sphère nationale, des individus tentant de manière collective ou individuelle de produire une réponse nouvelle et cohérente à la liquéfaction des institutions classiques.

---

[4] MUCCHIELLI A., 1991, *Les méthodes qualitatives*. Paris, Presses Universitaires de France. pp.61

[5] ROUSSEAU/C. BONARDI, Les représentations sociales: état des lieux et perspectives. Dunod 1999pp.35

Cela consiste pour nous à "élever la langue courante à la dignité d'une langue traduite" pour reprendre Maurice Blanchot "Traduit de...", in *La part du feu,* Gallimard, 1965, p.180-194.

La méthodologie qualitative ne peut être efficace que si elle s'intègre dans une vision large de l'étude en tenant compte de plusieurs paramètres (culturel, symbolique et historique). Il a fallu adapter les questions, car les personnes ne se seraient pas prononcées sur des interrogations abordant la problématique de manière directe. Il était plus judicieux de leur proposer des discussions sur leur propre situation pour ensuite les amener à parler des conséquences symboliques et socio-économiques de ce sujet. Il faut dans cette perspective partir dans un premier temps d'une approche biographique que l'anthropologue Oscar Lewis a su définir : «*Cette méthode d'autobiographie à plusieurs faces, tend par ailleurs à réduire l'élément d'interprétation introduit par l'enquêteur car les récits ne sont pas transmis par l'intermédiaire d'une tête de bourgeois américain, mais livrés dans les termes mêmes des protagonistes*[6]* »*.

Cette phase est transitionnelle, elle ne doit surtout pas être réactive comme l'instruit trop souvent l'anthropologue américain qui fait du récit biographique une arme de guerre contre « *le jargon conventionnel des monographies anthropologiques.* ». Une arme au service « *de la psychologie des gens pauvres* ». Cette lecture qui pêche parfois par une dérive psychanalisante restreint la micro société des hommes en lutte à un récit personnel, et parfois de manière sous-jacente, personnaliste de l'histoire.

A contrario, dans le cadre de notre étude, il faut nécessairement passer à une seconde phase qui met le politique, c'est-à-dire la manière de penser et de vivre la collectivité, au premier plan des individus qui sont d'abord agissants.

A

Le signifié permet de contextualiser les régimes de discours, les situations. Concernant les communautés étudiées, quel est leur rapport avec l'autorité ? Quelle est leur opinion sur la modernisation accélérée que vit la région ? Comment l'interprètent-ils ? Ces questions devaient être systématiquement contextualisées avec les différents types de discours

---

[6] Oscar LEWIS

produits. Dans un second niveau, il faudra expliciter les « angles morts » du questionnement : la politique en termes nationaux, l'autorité en termes administratifs globaux.

En analysant la question de l'occidentalisation, nous voulons insister sur des contours qui, par différents aspects relevant du quotidien, s'adaptent aux situations concrètes et personnelles des acteurs. Ce processus dynamique, continuellement en évolution, explose les frontières classiques de l'interprétation de l'identité trop longtemps fractionnée de manière étanche entre paradigme culturel et ordre politique. Il faut de manière précise pouvoir séparer les traditions historiographiques, trop souvent dépolitisées sur le plan ethnographique, et les formes de représentation politique que constituent les communautés historiques, qui sont beaucoup plus que de simples communautés rurales ou de confréries claniques. Les communautés historiques représentent des groupes sociaux organisés autour non seulement d'une filiation, d'un héritage mais aussi d'une conscience patrimoniale et politique de leur fonctionnement.

Ce travail explicite une anthropologie de l'inter culturalité entendue comme processus de reconnaissance de la personne. Une anthropologie des rapports pratiques de métissages culturels et politiques entre différentes logiques endogènes et exogènes. En effet, cette approche met en présence des protagonistes à « l'enracinement » culturel différent. En effet, ce processus de considération de la personne en tant que telle est une notion fondamentale de l'étude de l'altérité et ce, dans sa déontologie et son éthique.

Les concepts utilisés sont définis en prenant en compte les temporalités socio-historiques particulières qui se concentrent dans l'espace de notre recherche. Cette conceptualisation ne tend pas à la construction de catégories closes mais au contraire, est utilisée au titre de « concept de sensibilisation » permettant une approche transversale de notions telles que l'autorité, le pouvoir, la communauté, l'histoire, l'ordre social.

Cosmopolitique et cosmopolitisme : *Dans l'Histoire universelle au point de vue cosmopolitique* publié en 1784 par Emmanuel Kant, le philosophe allemand indique que la cosmopolitique est basée sur le primat de l'homme rationnel au centre de la cosmologie et le postulat de la liberté et de l'autonomie en tant qu'horizon politique et anthropologique. Malgré les événements chaotique caractéristique des sociétés humaines, il est possible pour Kant de distinguer un récit général qui fait du progrès le sens de l'histoire. Dans cet ordre théorique, le cosmopolitique est marquée par la reconnaissance de la liberté d'opinion et de presse, par le droit de constituer des associations, des partis politiques et elle débouche sur la définition des Droits de l'Homme. Elle souligne le changement de paradigme d'une définition collective et holiste des hommes progressivement privatisé au nom d'une approche de l'émancipation rationnel et autonome du sujet.

Le cosmopolitisme est d'abord une notion politique qui avec Kant prend une forme juridique moderne. Elle présuppose d'abord (en lien avec la cosmopolitique kantienne) un mouvement d'universalisation de la civilisation (en terme d'homogénéité et de pacification).

Dans la mondialisation, le cosmopolitisme politico-philosophique se transforme au sens qu'il s'altère pour se transformer soit d'une part en philosophie accompagnatrice légitimant le processus en cours, soit d'autre part il devient une réponse critique que l'on peu qualifié de cosmopolitisme pratique. Celui-ci prends divers aspects souvent contradictoires mais cohérent : (ex la migration interne) dans chacune de ces situation l'identité est inscrite à la fois dans l'ouverture culturelle et sociale et rattaché à un projet collectif traduisant d'abord une résistance face au monde qui va.

Philosophie existentielle : Le cosmopolitisme pratique est une philosophie existentielle de type postmoderne , il ne repose pas sur un enracinement abstrait ou ne se définit pas une ouverture à l'autre raffinée ou une ostentation xénophile, il est une philosophie politique pratique qui dans mon étude de terrain induit d'une part la mise à distance avec l'ordre politique et étatique considéré comme lointain et d'autre part une critique sans concession d'une marchandisation des liens sociaux vue comme une des premières conséquences de la globalisation économique.

Notre optique ne prétend pas à l'exhaustivité, le cosmopolitisme pratique dans la cadre de notre travail se vérifie dans l'émergence de différents récits sociologiquement marqué, nous en situons deux parmis beaucoup d'autres : le récit cosmopolite de la « décadence » liée à un ordre de la petite bourgeoisie et le récit cosmopolite de « la Crise » lié à une certaine migration interne

Le récit cosmopolite : une nouvelle figure de « la décadence »

Tout comme les devanciers français de la fin du XIXe siècle, le Maroc à l'ère de la globalisation connaît lui aussi « ses décadents » c'est-à-dire une « manière d'être » vécue, un récit explicité, théorisé, prôné, affirmé dont la force de l'argumentation existentielle est marquante à plus d'un titre. Elle est le réceptacle d'une suite de transformations sociopolitiques vécues (d'autres dirons subies) par le Maroc depuis plus de 20 ans. Ce que nous pouvons définir comme le récit de « la décadence » est le paradigme ou de manière plus précise : la synthèse plus ou moins élaborée de ces mutations.

Cette construction symbolique et sociale, à une cartographie précise : la génération des 20-30 ans, « Génération M6 », génération née au crépuscule du régime hassanien, elle a vu la Gauche au gouvernement et la montée de l'islam politique.

Issus pour la plupart d'une seconde ou troisième génération de la scolarisation : ces «Fils » ou « Filles de » doivent de manière permanente négocier un rapport critique avec le milieu d'origine et en parallèle une relation acritique (c'est-à-dire sous forme d'acceptation inconditionnée) envers la norme qu'elle soit culturelle ou sociale. De ce fait se stabilise une dialectique complexe:

Dans un premier aspect, se matérialise, un « Je » jouisseur et dominateur apte à détenir la souveraineté dans la construction du récit personnel. Il en établit les règles, les formes de socialisations, les affinités, les amitiés, les amours. Il est un « Je » qui tend à étendre le contrôle sur toute la sphère de la vie personnelle. Le je devient le « Moi je » qui de manière dictatoriale détermine son territoire de domination et d'autorité sur les êtres et les choses. Les « Parents » sont décrits fréquemment comme dépassés sans rapport avec la « situation actuelle » : école, famille, religion, travail, toutes ces notions. Les institutions sont « broyées » au bénéfice unique d'une affirmation narcissique dédiée aux plaisirs du moment et à l'égarement des sens. La *libido sciendi* (désir de savoir) n'effectuant plus sa puissance performative c'est la *libido essendi* (désir des sens) qui s'octroie les attributs de la *libido dominandi* (désir de domination).

Dans un second aspect, il faut indiquer l'absence d'idéologie précise pour ces jeunes hommes et jeunes femmes marqués non plus par « l'Etat policier et politique » de feu Hassan II, mais par l'« Etat spectateur » pour reprendre l'expression d'un universitaire marocain. Un Etat conciliant tant bien que mal libéralisation (des mœurs et de certains secteurs de l'économie) et conservatisme (politique et social). L'homologie « postmoderne » entre le Maroc et l'Europe a bien entendu ses limites, là où à Madrid ou à Paris un certain cynisme post humaniste se déploie avec autosatisfaction.

Le postmoderne marocain vit sa « fin du monde » de manière exaltée et anxieuse : tout vivre avant que tout s'arrête. Personne ne sait comment viendra « la fin des temps » mais tout « porte à le croire, autant en profiter du mieux possible ».

Cette politique de l'instant conduit de manière invariable à une pluralité de pensées et d'attitudes au sein d'un même individu. Le comportement du postmoderne est une construction permanente, qui chaque jours crée sa propre réalité cosmologique, sans chercher à établir une cohérence formelle mais en privilégiant une « cohérence du je ». Celui-ci est le réceptacle contraint du « nous social ». Car si l'identité est définie par le je (ipséité « la <u>chose</u> en <u>elle-même</u>, <u>soi-même</u> ».) et l'autre (c'est-à-dire l'ordre social, la famille), dans la configuration marocaine, l'autre a une place prépondérante voire écrasante. Il détermine la réalité du je, il en définit les paramètres, les frontières, les possibilités d'action.

Dans la mystique soufie : l'annihilation et la surexistence sont corrélatives : dans le récit de la décadence, l'annihilation d'un sens collectif, d'un modèle général a suscité une surexistence inscrite dans une subjectivité exalté et excessive. L'excès est dans ce cadre compris à la fois en tant que dépassement d'une norme préétablie et hypostasie de notions (liberté, corps, individualité, émancipation) progressivement perçue depuis les années 1980 et l'échec de la Gauche politique, comme illusoire ou à tout le moins abstraite en terre d'islam. Ce que le philosophe Cioran définit comme « *La fatigue des choses comprises* » est pour une certaine jeunesse marocaine issue de la petite bourgeoisie : l'acceptation résignée d'une autorité (familiale, sociale) en surplomb à la fois menaçante et réconfortante. Ce qui équivaut à mimer la sortie du cercle du consensus tout en le prorogeant en « faisant comme les autres ». Les valeurs ne sont plus que des éléments de justifications pour le « Je ». Le travail est pour certaines tâches aliénant mais l'essentiel est de faire un crédit immobilier permettant d'acheter une maison et donc une image de succès. Le mariage est en crise mais l'important est de faire une belle cérémonie susceptible de contenter le cercle du consensus. Les « Valeurs » deviennent des jeux utiles à des « Je » insatisfaits et sous tension. Pour Cioran « *La vie quant elle n'est pas souffrance est un jeu* », pour une certaine postmodernité « la vie quant elle est souffrance est jeu ». La postmodernité ne pense pas, elle veut vivre : ne pas penser la vocation mais la profession, ne pas penser l'argent mais le profit, ne pas penser le couple mais la cérémonie. Ne pas penser pour rester sur le temps court du moment et de la fuite du quotidien ou donner l'impression de vivre : un récit saturé et désaxé, intense et asséché nourrissant tant bien que mal une génération désabusée. Ce récit est bien entendu déterminé par la position qu'occupe historiquement cette génération née d'une faille symbolique et politique des années 1980. Période particulière s'il en fut où toute une génération née du militantisme idéologique des années 1970 a été « mise à l'écart » des possibles universitaires, professionnels. Ces étudiants politiquement formés, intellectuellement situés, culturellement déterminés ont été pour une grande partie « déclassés » politiquement avant de l'être socialement par un Etat soucieux d'abord de maintenir son monopole sociopolitique.

Cette généalogie « rayée de la carte socio-historique» explicite le manque de médiation et de transmission vécu pour la génération postmoderne dont le schéma post-politique traduit moins un refus des idéologies qu'une carence des transmissions due à l'effacement de la génération précédente.

A la légitimité charismatique et historique dont étaient dépositaires les générations de l'indépendance et de l'engagement entre 1940 et 1990 a succédé la légitimité rationnelle et technocratique d'une certaine élite marquée par le récit économique et le « *Golden boy way of life* ».

Par conséquent, le postmodernisme marque la déconnexion radicale entre la production des valeurs symboliques dans l'espace social et l'ordre politique et institutionnel. Là où précédemment dans les années 1970 et 1980, certains récits politique, culturel, artistique cherchaient à réduire ce gouffre par la médiation syndicale, idéologique ou intellectuelle. Ne demeure qu'une profusion de langages indigènes (islamisme, occidentalisme, clanisme) autonomes les uns aux autres et jaloux de leurs souverainetés respectives.

Le narcissisme mutilé prédomine, il décrit l'absence réelle de prise en compte de la subjectivité sociale et individuelle mise en marge ou instrumentalisée à l'aune du régime de la consommation moderne. L'individu est ainsi repris dans le récit de la consommation comme un vecteur de mise en achat, pratique et malléable. Ce rapport participe d'un modèle général de consommation des êtres, des comportements, des discours, évaluée ou légitimée à l'aune d'un instrumentalisme économique ou social. Les liens sociaux deviennent des liens du marché, sanctionnant le poids des uns et le déclassement des autres.

Le récit cosmopolite de la décadence est d'abord un récit de représentation de soi, visant à légitimer une critique politique de la tradition c'est-à-dire de retour à la source, afin d'établir sinon dans les fait du moins dans le récit des acteurs, une autonomie formelle du sujet. Certaines valeurs héritées sont donc déconstruites mais sans jamais être reconstruites. Elles ne sont donc que « mises à distance » partiellement avant d'être reprises de manière rationnelle.

Les segments interrogés autour de la petite bourgeoisie de Mohammedia ainsi que l'aristocratie marchande fassie de casa ; chacune dans son espace joue « l'*otium* » (loisir), romain c'est-à-dire l'ostentatoire exhibition des privilèges de la naissance, du nom, et du lignage au nom. Cela renvoie aux attributs d'une modernité défunte ressuscitée uniquement pour les besoins du moment.

Ce récit n'a pas une « langue » comme celle auparavant des générations 1960 ou 1980, il est multilingue, prenant l'aspect d'une langue occidentale ou celui de l'arabe dialectal (*Darija*) sans considération intellectuelle ou culturelle. De ce fait le récit de la décadence n'est pas contrairement à ce qu'une *doxa* laisse croire un déracinement linguistique ou culturel, il est plutôt celui du jeu stratégique, un bricolage culturel construit pour légitimer l'écart avec la norme sans que pour autant la norme ne soit détruite ou questionnée. De manière pragmatique, cela s'entend comme une suspension temporaire de la *bei'a* (pacte de soumission) c'est à dire de l'allégeance à son ordre social, une dissidence normative : temps

15

moyen avant de revenir au temps long de l'adhésion unilatérale au code restreint de la communauté familiale. Néanmoins, ce bricolage est l'outil d'une lente cristallisation qui a pour nom l'identité personnelle.

Pour cette sociologie, la véritable langue est celle de la « communication » (avec internet et Facebook comme instrument linguistique prédominant) c'est-à-dire un rapport direct avec la chose voulue sans effort de complexité ou de mise en questions. Le paradoxe étant que cette « communication » est moins dialogique (c'est-à-dire discutée) que dialectique (discutante) entre non pas soi et sa réflexivité mais entre les « autres » et les autres » : c'est à dire entre les représentations normatives des uns et les représentations normatives des autres. La subjectivité si elle prend une place prépondérante dans les choix non imposés par l'ordre social, reste néanmoins marquée par une optique infantile du « je » restreinte parfois au « moi je ». Pour autant, dans le « moi je » s'explicite une volonté à l'état pratique, un souci d'autonomie indubitable. Autonomie encore peuplée par l'ordre normatif mais pour autant elle reste autonomie. La logique par exemple de l'amitié ou celle du couple étant deux aspects de cette démarche individualiste.

Ce processus n'est donc pas extérieur aux individus, au contraire les régents de la petite bourgeoisie de fin de cycle infusent un certain dérèglement à un ordre social puissant rétif à toute modification remise en cause de la hiérarchie des classes. D'ailleurs pour les Héraults de la postmodernité, elle est loin l'idée d'une révolution des *statu quo* sociaux, la pente serait plutôt celle des *statu quo* comme révolution. La garantie de l'ordre établi (croyances, ordres, normes) légitimant l'excès sociétal d'un certain désordre sous auto surveillance. On distingue par là même ce que cet auto récit recèle de « ruse » et d'effets calculés. En effet autant la modernité est vécue comme identité par la haute aristocratie marocaine occidentaliste de cœur et de raison autant la petite bourgeoisie préfère de manière plus pragmatique la postmodernité définie en 1979 par le philosophe JF Lyotard comme la « *fin des Métas récits* » collectifs et l'avènement d'un hyper individualisme c'est-à-dire corollaire lui-même d'un néo-communautarisme. Par conséquent, le postmoderne dresse le constat de la crise des valeurs, il ne prétend pas pour autant en produire de nouvelles. Il peut être fondamentaliste, consumériste, occidentaliste : sa liquidité ontologique lui permet de s'adapter aux aspirations contradictoires de publics très longtemps restés profanes aux codes restreints de la modernité. La postmodernité offre un code élargi comblant à la fois le souci de la distinction individuelle et la volonté de promotion collective. Traditionalistes en valeurs, libéraux par comportements, individualistes par aspiration, communautariens par intérêts, L'heure décidément relève d'une nouvelle configuration identitaire et narrative dont les paramètres ne sont qu'à leur balbutiement.

- Le récit cosmopolite de « La crise »

Dans la configuration marocaine, le récit cosmopolite produit non seulement un récit « de la décadence » mais aussi un récit complémentaire qui est celui de la crise. Il peut être compris en reprenant Wittgenstein comme un langage à l'œuvre qui intervient dans le monde et qui produit un certain sens du monde. Il est à l'exacte opposée de l'autre langage qui est celui du « langage triomphant » de l'élite politico-culturelle : c'est-à-dire celui qui se matérialise dans le récit économique, le récit de l'ouverture au monde, etc. Sa principale caractéristique est de tourner à vide c'est-à-dire de parler de sujets dont il ne partage pas le monde. Cela renvoie à une déconnexion entre les problèmes formulés dans le « langage triomphant » dont les conditions d'émergence lui échappent et les conditions réelles du « langage à l'œuvre ». Cet écart entre ces deux formes de langage produit une certaine forme d'intermination c'est-à-dire pour reprendre Jean Louis Fabiani, une plasticité, des dispositifs des thèmes idéologiques, des discours personnels, des narrations particulières. Le récit de la « crise » doit se comprendre comme crise de l'identité personnelle, « crise » des repères, « crise » des modèles d'identifications, « crise de médiations ». Crise d'un « Nous social », liée à une sociologie de citadins de première et de seconde génération issus pour la plupart de l'exode rural ou à tout le moins de l'émigration économique intérieure.

A l'heure défunte des possibles où le Rastignac rural gravissait de Derb Ghalef (Quartier populaire de Casablanca) au quartier chic de Ghandi, une à une les échelles sociales à force de ruse et de combativité. Succède un temps clos, confiné en classes sociales étanches ; où le rural néo-citadin doit admettre une réduction substantielle de la part de « gâteau social » traditionnellement dévolue aux ambitieux mal nés.

L'heure sonne des reclassements stratégiques, et des alliances tactiques, avec pour reprendre la citation d'un questionné « *une idéologie du progrès plutôt qu'une volonté d'élévation* ». Il faut arriver en épousant un héritier, il faut négocier pour trouver un investissement rentable, un bon placement avec effort à court terme et bénéfice garanti à la clef.

Nous sommes dans une configuration du darwinisme social, la lutte de « *tous contre tous* » pour reprendre la formule du philosophe Hobbes, une lutte sans merci, sans considération de quoi que ce soit au-delà de son propre intérêt bien compris.

Le paradigme majoritaire est de ce fait celui de la lutte pour la puissance sociale c'est-à-dire l'acquisition des moyens de subsistance et de production afin d'acquérir certaines caractéristiques de la monopolisation de la distinction économique et sociale. Cela conduit à la volonté d'élimination progressive de tous les concurrents potentiels réduits à l'état de dépendants.

« La société » devient non plus un terme générique mais le postulat de civilisation dans un contexte de décivilisation où le monde social se déchire en morceaux, de guerre économique, où le territoire des intérêts et des passions devient territoire d'affrontements. Logique d'antagonisme où les regards, les attitudes et les comportements sont graduellement organisés en lutte de « *tous contre tous* ». Batailles d'aliénation et de survivance.

La « Société » est dévorée par la « ville » qui devient un espace d'extension des angles morts : angle de l'indifférence sociale que produit le regard vide des politiques publiques.

Par conséquent, il s'agit de produire une nouvelle théorie de la souveraineté sociale entendue comme monopole du groupe dominant, et manifestation du discours d'État, qui présuppose un centre de la société inquiet délocalisant la peur et réduisant l'analyse au pays utile celui des mots et des héritages. Le récit de la « globalisation heureuse » recouvre tout sans pour autant suppléer la question du manque de sens ; celui-ci est silencieux car il est le produit d'un ébranlement de la civilisation : celui de la civilité, des liens sociopolitiques au bénéfice d'un cocktail explosif : exode et paupérisation. La puissance publique c'est-à-dire la forme organisée de l'Etat est devenue une forme d'extériorité par rapport à la marge, le discours de la société sur elle-même s'est autocentré autour de ses propres peurs laissant de côté les données humaines, les non catégorisés, ceux qui ne relèvent *a priori* ni de l'organisation sociale ni de la structure étatique.

Dans le récit officiel, le modèle rationnel du pouvoir définit l'organisation des individus, des disciplines et des compétences dans le grillage des « Programmes pour le développement humain » censés lutter contre l'« Exclusion » : L'exclusion de quoi ? De qui ? Qui sont ces inclus autoproclamés propriétaire d'un privilège défini comme « inclusion » : À quoi ? À qui?

A toutes les échelles de la société, l'obsession est de tendre vers un *Optima ordinatio principium* (autorité centrale). On pourrait à ce stade citer les historiens de l'ancien régime espagnol tels qu'Americo Castro qui reprend la formule de Rofrigo Vivero « *Les toiles d'Espagne sont comme les toiles d'araignées qui saisissent seulement les moucherons et les moustiques. Riches et puissants échappent aux pièges, seuls s'y embarrassaient les défavorisés et les pauvres* ». *Ce qui renvoie à une armature en V du pouvoir c'est-à-dire* « *une concentration maximale du pouvoir au sommet et une pénétration minimale de celui-ci à la base[7]* ».

Dans ce cadre historique, la montée progressive de l'antagonisme sociale dont l'insécurité croissante est l'un des exemples les plus visibles, illustre la crise du sens de différentes situations institutionnelles, sociales et politiques. Le matérialisme agressif des uns soulignant à un degré plus général l'absence de questionnement sur le récit économique prédominant : récit qui de manière quotidienne célèbre les vertus de l'entrepreneur. Tant est si bien que pour la jeune génération de la sociologie étudiée, « faire de l'argent » devient une fin en soi, une manière d'être susceptible d'attirer à soi amour, amis et reconnaissance sociale. Plus aucune fausse pudeur ni honte du dernier arrivant : l'agressivité est la règle ; l'agressivité sociale, sexuelle, morale, inondant graduellement les microcosmes laissés à l'abandon du « Casa inutile » celui de l'outre banlieue et des bidonvilles en dure renommées « Résidence » où se déversent chaque années les néo citadins de fraîche extraction. Le modèle de la civilité et donc d'une certaine forme de civilisation rurale (entendue comme contrôle des affects et des pulsions pour reprendre le sociologue Elias) est progressivement épuisé sans que pour ce

---

[7] CASTRO Americo "La Réalité historique de l'Espagne", México, 1954

faire le modèle bourgeois de la civilité ne soit véritablement adopté. Faute sans doute d'une réelle mixité sociale, éducative, culturelle : l'exemplarité supposée du haut de l'échelle sociale se transmuant en ostentation de « Nouveaux riches » pour l'échelle basse des défavorisés. Le moment historique n'est plus d'une occidentalisation de distinction, elle est au contraire dégradée en occidentalisation instrumentale sur laquelle nouveaux riches et anciens ruraux communient en multiples célébrations sous les applaudissements navrés d'une élite qui ne cesse de déplorer (En s'extirpant à bon compte de la responsabilité) la montée d'un fondamentalisme de frustrés et d'analphabètes.

L'agressivité n'est plus simplement un comportement, elle devient une langue en soi, intime, personnelle, sociale qui détermine le niveau de relations, d'aspirations et de contradictions des citadins de première et de seconde génération. Elle habille la nouvelle religiosité, les modes de consommations, les goûts sportifs. Elle détermine un paradigme général attestant de la « crise » entendue comme un perpétuel « *Entre-deux* », ou un « *Devant derrière* », pour reprendre le philosophe Kierkgaard, incessant , interdisant toute canalisation des pulsions qui au contraire sous le label « du progrès à tout prix » conduit la société à sa lente barbarie.

A ce récit de la civilisation angoissée ne répondant que l'ordre auto institué du préjugé et de la bigoterie.

Le journal officiel « Le Matin » nous enchantant de la recension des millimètres de pluies déversées ici et là ; le réel n'est plus pris en charge par les formes de médiations traditionnelles. Les formes de socialisations actuelles relevant moins de l'innovation que d'une reconstruction d'un hier jamais oublié. Derrière le paradigme dominant de l'économie le régime patrimoniale définit le régime de la propriété dite privée, le privé étant le nouveau terme pour dire le familiale. Par conséquent, l'héritage se faisant plus matériel, l'agressivité sociale doit se contenter de dévorer ses propres enfants. Ces nouveaux immigrants de l'intérieur trop tard venus, trop tôt arrivés. Des territoires abandonnés de la banlieue prolétaire aux résidences néo coloniales du littoral, l'heure est au néolibéralisme de l'argent entendu comme modèle de réussite, langage de puissance, repère de normes : il est le calmant anesthésique du « récit postmoderne » de la « crise ». La source rêvée censée mettre fin aux perpétuels ajustements des intérêts bien compris des unes et des préservations plus ou moins bien acquises des autres.

Nasser SULEIMAN GABRYEL

Section 1 Une phénoménologie appliquée : l'identité postmoderne ; un processus dialectique contre une éthique dialogique

La postmodernité et son courant de pensée : le postmodernisme doivent être inscrit dans une perspective large de l'analyse de récit notamment dans la matrice historique que constituent la modernité et ses effets. Celle ci est à la fois un récit (c'est à dire une légitimité, positionné et conçue comme universelle) et des narrations (relevant des singularités locales, collectives, individuelles). D'ou l'importance dans un premier plan d'en situer l'historique notionnel et sa généalogie relationnelle avec les thèmes qui nous préoccupent.

La modernité peut être définie de plusieurs façons, en terme général, « *Il y a dans le mot de modernité autant d'acceptation que de stratégies. Elles mêlent ou confondent, sans en voir les effets souvent différents type de modernités* » (Meschonnic Henri/ Hasumi Shiguehiko (direct) La modernité après le postmoderne Maisonneuve et Larose 2002, 11). Cette pluralité et elle est aussi un certain rapport à l'unité d'aucun dirait à la totalité.

Pour l'Ecole de Frankfort, la Modernité est un paradigme de l'interdépendance entre plusieurs unités d'organisations sociales. Cela détermine un certain niveau de concentration des ressources et des compétences dans un cadre donné. Cela établit des monopoles qui constituent de manière différenciés les deux principales sphères: publique et privée. Et cela sous forme de tension enntre les sous systèmes d'adaptation (celui de l'intérêt économique et de l''intêret commun) et les sous systèmes d'intégration et de maintien des valeurs (la communauté et la famille).

Si l'on prend la modernité comme sémiosis

Les récits de la modernité : Au delà des différentes définitions complémentaires ou apparemment contradictoires, il existe une certaine tendance à unifier les différents récits dans " la modernité». Celle ci devient une diégèse unique   (le récit) qui comprend une mimésis (la représentation) une poétique (création, Etre) des actions (praxeis) des actants (prattontes) et des formes de l'expression (lexis). Ce monolinguisme épistémologique unifie de manière homogène les niveaux sociaux, politiques, intellectuels dans une finalité linéaire et dialectique.

Dans cette optique la mimésis produite est souvent marqué par un double aspect linéaire et binaire : ainsi la « civilisation » « la société » est l'outil malléable de la pensée décliniste invitant ses publics profanes et érudits à réfléchir à la mort c'est-à-dire la décadence des hommes.

La poétique (création) de la modernité relève plutôt d'une certaine philosophie du sujet et de l'autonomie du sujet. Précisément à la philosophie des Lumières du XVIII siècle qui établie une Raison de l'émancipation et du droit naturel. Ceci en vue de refonder un universalisme complet apte à s'extraire du règne de la coutume et de la communauté. Cette poétique de la Modernité se confronte de manière radicale à l'autorité charismatique de la Loi théologique (Eglise) et de la Loi thaumaturgique (Le Roi) La religion et son pouvoir ecclésiale devenant un élément constitutif d'une opposition à la marche vers le progrès inéluctable des hommes.

Dans ce contexte conceptuel, l'individu moderne (du terme   grec «modos» qui signifie «d'aujourd'hui») est   une conception du monde centrée sur l'individu. Une « *révolution individualiste par laquelle, pour la première fois dans l'histoire, l'être individuel, égal à tout autre, est perçu et se perçoit comme fin dernière, se conçoit isolément et conquiert le droit de la libre disposition de soi* ». Lipovetsky *L'ère du vide*, Paris, Gallimard, 1983, p. J04. On peut en déceler les horizons dans l'art: "*L'art moderne est le moyen de promouvoir une culture expérimentale et libre aux frontières perpétuellement déplacées, une création ouverte et illimitée, un ordre des signes en révolution permanente autrement dit une culture strictement individualiste, toute à inventer, parallèlement à un système politique fondé sur la seule souveraineté des volontés humaines* "Paris, Gallimard, 1996, p.99

La modernité de manière pratique, se représente et représenté par des actions (praxeis) elle-même initié ou produite par des actants (prattontes). Elle n'est pas de ce fait réductible à un certain rapport notionnel à la Raison ou aux Lumière, elle est aussi mère d'un certain modèle de l'Etat Nation ou l'individu est d'abord défini par son enracinement patriotique. Dans cet ordre politique, le récit est fondé sur une communauté politique elle-même constitué en tant que solidarité organique des citoyens rationnels.

Cette construction est le produit spécifique d'un paradigme qui est celui de la souveraineté. Celle-ci établit les paramètres fixes de l'autonomie de l'entité politique personnalisée historiquement en Europe autour du Roi d'abord ensuite de la Nation politique.

La modernité: une métalepse. L'aspect protéiforme de la modernité occidentale, induit souvent une lecture "continuationniste" qui est souvent elle même un paravent d'une approche euro centré de l'universel. Celle ci établit de manière particulière une mise en ordonnancement des normes, des cultures, des processus. Une diégèse donnant lieu dans sa narration propre à une autre diègèse : chaque transformations, ou révolution dans l'ordre des choses est incorporée de "gré ou de force" dans la diègese de la modernité. En terme linguistique le procédé relève d'une métalepse c'est à dire le passage d'un récit à un autre récit, d'un ordre narratif à un autre narratif, d'un cadre spatio-temporel à un autre contexte spatio-temporel. Nous pouvons citer comme exemple de métalepse, la tentative de Charles Taylor de préserver les acquis de la Modernité de la dé-occidentalisation du monde. En effet le philosophe canadien dans son article « Two theories of Modernity » (Public Culture, vol.11, numéro 1999) met en avant l'idée, qu'il existe deux théories de la modernité :

Une première est une théorie culturelle de la Modernité qui se conçoit comme proprement et historiquement européenne et occidentale. La civilisation devient une unité de valeur ontologique permettant de produire une exclusivité euro-occidentale. Les narrateurs auto-légitimes de la Modernité construisent un récit narratif qui est une longue suite d'événements d'hommes et d'institutions historiques, qui « semblent se raconter eux-mêmes » (Benveniste, 1966 : 241). On peut ainsi indiquer, que dans cette approche singulière la modernité est conçue philosophiquement comme un universel surplombant mis au service de l'occident. Une diégèse qui situe une trame, des narrations particulières dans un espace et dans un temps singulier (Platon Livre III de la République, Genette Figures III 1972. Seuil, Paris).

Cette lecture que l'on pourrait qualifié de la légitimité se situe de manière antagoniste envers d'autres foyers culturels

Une seconde est une théorie a-culturelle de la Modernité (c'est-à-dire pour utiliser une catégorie plus précise, une théorie post occidentale) dont le paradigme premier est de contester une définition « éternitaire » c'est-à-dire euro centrique de la Modernité dont la matrie européenne serait plus de l'ordre de la conjoncture politique et historique (L'Europe de la Renaissance du XVI) que de l'ordre d'une prétendue supériorité de la civilisation occidentale. Ce qui entraîne d'associer ce processus à des procédés « culturellement neutres » « Two theories of Modernity » Public Culture, vol.11, numéro 1999, pp.154.

Dans la démarche de Taylor, cette séparation conceptuelle permet un double mouvement circulaire, d'une part en « provincialisant » le récit hégémonique de l'occident et en le séparant de la Modernité, il prend acte de manière formelle de l'histoire de la domination impériale et coloniale au nom de l'universel occidental et des idéaux sensément devant être étendu ; d'autre part cette opération induit de « sauver l'universel » et de caractériser certains traits de la modernité il définit un universel construit autour de différents processus tels que la sécularisation, la modernisation, la rationalisation, de libéralisme politique ainsi que tout ce qui relève des aspects les plus marquant d'un certain progrès social et économique (alphabétisation, industrialisation, urbanisation). Ceci afin d'éviter le relativisme culturel qui restreint l'universel à un localisme culturel occidental. Ce qui entraine malgré tout une certaine contradiction dans le travail de Taylor qui en définitive vise à extraire de la diègèse culturelle, une diègèse notionnelle qui serait plus compatible avec la globalisation. Kant et la philosophie de l'universel est renforcé par la sociologie de Weber comme élément de théorisation théorique visant à refonder la légitimité de la Modernité occidentale justement en la « dé-occidentalisant » de manière plus formelle que réelle. En in fusant la sociologie de Weber dans la relégitimation de la Modernité, Taylor agit en contre temps, car l'instrument sociologique est lui-même mis en question depuis les années 70, (Turner) pour son primat développementaliste et fonctionnaliste, Weber ayant lui-même réduit la rationalisation à un processus de sortie européenne à la Tradition. Par conséquent, il s'agit d'une tentative de sauver la Modernité du processus de dé-occidentalisation du monde.

De la norme et de la subjectivité : La modernité institue un régime de la sensibilité c'est-à-dire de la subjectivité et d'un certain régime de la connaissance et de la reconnaissance. Atteignant sa pleine expansion durant la première moitié du XX siècle, la modernité occidentale affirme de manière majestueuse sa supériorité notamment dans la structuration d'une grammaire politique et culturelle. Qui elle même est le produit d'un C'est à dire qu'elle relève d'un signe, d'un signifié et d'une grammaire (c'est à dire un ordre cohérent d'un ensemble de signifiant). Une grammaire de la construction de sens , un sens plein c'est à dire ordonné de manière totale avec un certain rapport à la norme autocentré et totalisant. La norme qui se constitue est celle d'une division permanente à partir de la catégorie de l'universalisme rationnel: entre notions et concepts, sciences et disciplines, savoirs et connaissances. En terme d'anthropologie de la société, la "personne" conçue d'abord comme un croyant ou un assujettie d'une certaine verticalité des pouvoirs évolue progressivement en "individu" qui lui même se conçoit en "citoyen" . La singularité c'est à dire la différence de l'être devient une pluralité en soi. Le monde qui prenait d'abord les caractéristiques de la cosmologie (géographique et confessionnelles) prend avec la psychanalyse et les sciences sociales de la fin du XIX siècle, l'aspect de la subjectivité humaine dans son double niveau d'universalité et de particularité.

COSMOPOLITISME ET POSTMODERNITE

En terme de sciences, la séparation entre le pole I (la production) et le pole II (l'interprétation) est constitutive d'une lente sédimentation cumulative initié historiquement à partir du pole II: Elle se traduit à partir de l'interprétation, de l'établissement d'un régime de l'herméneutique qui elle même a constituée la matrice de différentes épistémologies. La subjectivité cartésienne in duit un rapport personnel à soi, un rapport ou l'intériorité et la sensibilité sont la double matrice d'un positionnement dans le monde. Dans les Arts (peinture), la littérature, la philosophie, c'est la méthode de la démonstration qui domine le récit créatif. Il détermine un axiome: l'objet de la pensée doit ne pas résister à la pensée, il en est prisonnier réduit de sa pluralité pour n'être envisagé qu'a l'unique aune de l'étude a priori.

L'optique se concentre sur la subjectivité comme processus moteur ; et de ce fait il défini une objectivité a posteriori obtenu par une mathématisation des processus étudiés. Dans cette situation, la fixité du point de vue, son aspect mono causale, étant considéré comme la règle de l'objectivité par excellence: l'œil situe le trajet de la perspective, il en garantie la linéarité et le sens de la problématique. Cette sensibilité s'oppose à la supra sensibilité supposé de la Métaphysique théologique, elle est une rationalité des sentiments dont la littérature épistolières du XVIII siècle constitue le meilleur exemple. Rationalité des sentiments, et sensibilité de l'enracinement, deux volets de la civilisation des mœurs produite par la Modernité.

L'universalisation du point de vue de vue relatif ne peut s'exercer de manière efficiente qu'a partir d'un certains nombres de procédés de légitimations. Ceci permettant de naturaliser des types de discours, des régimes d'énonciations mis au service d'une volonté d'organisation du monde. Cela à partir d'une perspective générale de la sensibilité conçue en tant que principe illimité et sans réduction. L'épistémologie c'est à dire le champ clos des références est la discipline reine de ce "temps moderne" marqué par une conscience se voulant autosuffisante. Par conséquent, la souveraineté est donc aussi un excédent de la sensibilité constituée à la fois comme une source d'interprétation et une source de connaissance: non seulement dans le domaine de l'esthétique mais aussi dans le domaine du tiers exclu

COSMOPOLITISME ET POSTMODERNITE

La Raison moderne parce que sensément produite par l'occident est devenue l'élément consubstantielle d'une « identité » c'est-à-dire d'une « sensibilité », permettant la définition d'une légitimité universaliste, universalisante, et extra tempora. Cette diègèse de la souveraineté est structurante dans le projet de la modernité. Celui-ci trouve dans la chute du mur de Berlin en 1989 son ultime parachèvement idéologique.En effet, la chute du mur de Berlin en 1989 sacralise de manière idéologique cette identification et entraîne par là même sa chute, son déclin et sa crise. La montée de la Chine de l'Inde et du Brésil réinterroge les cadres données du paradigme de la modernité dans son aspect de généalogie occidentale. La modernité se dé occidentalise de manière formelle c'est à dire de manière politique et économique, elle s'hybride en terme culturelle et sociale elle devient postmodernité ce qui revient au dépassement de sa matrice eurocentrisme.

Pourtant faute de penser le nouveau contexte, il est tentant pour certaines pensées de la conformité de réduire l'histoire à une représentation c'est-à-dire de faire d'une diégèsis , une simple mimésis. Dans ce cas, l'écriture historique devient une lecture statique sans que l'on puisse bien déceler parfois les caractéristiques générales des propriétés singulières.

C'est dans cette nouvelle situation que se profile la globalisation postmoderne, dans un tableau général de confusion et de déréliction. Avec en premier lieu un problème d'hystérésis c'est-à-dire une difficulté d'ajustement entre la lecture historique et l'écriture de l'histoire. D'où un excédent d'interprétations et de récits dont le paradigme reste de type occidentalo-centré et économiciste.

En effet, dans le contexte de la globalisation économique et culturelle, les confrontations entre modernité et tradition tiennent lieu souvent de débat qui au demeurant paraissent stérile tant la phase ouverte depuis une trentaine d'année est celle de la « postmodernité » c'est-à-dire d'un dépassement des clivages traditionnelles entre des notions telles que « progrès », « archaïsme » ect.

Méthodologie : Il faut dans ce cadre, que notre réflexion s'extraie de l'extériorité spatio-temporelle du monde, afin de pratiquer une phénoménologie de principe en vue d'opérer d'abord sur un premier niveau (Husserl) une approche de l'intentionnalité des processus vécus pour ensuite établir une phénoménologie (Heidegger) de l'Etre

Dans une première approche, il faut pour reprendre les catégories husserliennes analyser l'Intentum, la vérité intentionnelle c'est-à-dire l'apparaître de la globalisation dans ses traits essentiels c'est-à-dire dans sa manière d'être donné. Cela pour ensuite comprendre l'Intentio c'est-à-dire revenir à l'objectivité des intentionnalités mises en scène dans le théâtre postmoderne. « Celui qui vit dans l'attitude naturelle pose des existences, la sienne, et celle de tout les « étant » du monde. Celui qui contemple purement l'immanence réduite ne pose pas d'existence, il découvre du sens, le sens de chaque intentio et le sens ou la manière d'apparaître de l'intentum auquel elle se rapporte » (Husserl)

A partir de cette configuration, la compréhension de l'intentionnalité pour Husserl n'est pas une explication ultime du psychisme mais la première étape sur la voie du surmonte ment de l'évaluation non critique de réalités déterminées de façon traditionnelle (pour lui telle que la psychique, la conscience, l'enchaînement du vécu, la raison) Dans le cas de notre étude, cela reviens à l'analyse des récits des identités, la problématique de la tradition, ect)

S'extraire de l'existant pour trouver le sens voila le premier principe d'une phénoménologie appliquée. L'affirmation des Etats Nations et leur progressif déracinement constituent la marque politique et culturelle de la modernité comme étalon de mesure des civilisations et des sociétés. La mondanité c'est-à-dire le fait d'être dans le monde, dans la représentation dans le monde est caractérisé comme forme essentielle de la modernité. C'est en affirmant la souveraineté de l'homme dans la Science et dans la Raison que les limites afférentes à la double malédiction de Prométhée et d'Adam seront effacées. Autant dans cet ordre donné la phénoménologie husserlienne décrit le chant du signe d'une certaine vitalité européenne, autant la phénoménologie heideggérienne annonce les cadres du nouveau régime postmoderne.

Section 2 De la postmodernité et de la postmodernité

Du postmodernisme : Une théologie de la libération séculière. Le postmodernisme est le mouvement qui à la fois découle de la de la postmodernité, le précède et l'amplifie dans un certain sens et ceci dans plusieurs domaine de la vie intellectuelle, artistique, culturelle. Le postmodernisme est donc à la fois le narrateur générique de la postmodernité et la narration particulière en charge de la mise en circulation des idées, des concepts d'un régime général qui se veut annonciateur de la "fin" d'un certain monde (d'ou les préfixes "post-historique, postcolonial, postindustrielle, post-politique). Ce courant de pensée apparu de manière politique et sociale à la fin des années 60 pose de manière systématique la question de la légitimité de l'ordre social, politique, culturel dans ses différentes traductions ou matérialisations. Il s'auto institue comme une théologie de la libération séculière en charge de fournir les moyens épistémologiques, méthodologiques à des « majorités silencieuses » c'est-à-dire des minorités culturelles censément oppressées par un « pseudo universalisme » faux semblant d'un particularisme social et politique.. Dans chaque aire culturelle, les postmodernisme prennent les « couleurs locales » de leurs contextes particuliers

En terme théorique et intellectuel, la filiation du postmodernisme doit être cherché du côté d'Heidegger et de Nietzsche qui ont contribué à faire de la postmodernité un régime un processus dépassant le cadre classique d'interprétation de la simple radicalisation de la modernité.

De la postmodernité : D'abord il est essentiel de comprendre le sens même de la postmodernité.

En terme philosophique, la postmodernité comme projet est annoncé par Nietzsche à la fin du XIX siècle et Heidegger dés l'entre deux guerre.

Pour Heidegger, la Modernité est d'abord une métaphysique du recouvrement, c'est-à-dire du déracinement envers l'ontologie de l'être. Il en appelle donc à une philosophie de l'être et non de l'étant, la recherche du « Soi » représenté comme le seul foyer d'intelligibilité afin de dépasser la quotidienneté de l'étant pour l'appréhension de l'être c'est-à-dire l'appréhension de son être propre.

A la fois dans cet ordre des problématiques et en même temps plus en retrait, l'ouvrage de JF Lyotard « La condition postmoderne » édité dans les éditions de Minuit en 1979 constitue l'achèvement d'une certaine généalogie de questionnement.

Si à la différence de Heidegger, il n'aborde pas frontalement la problématique métaphysique, de l'Etre, il établit néanmoins l'acte de décès d'une certaine forme de société moderne en terme non seulement d'organisation, d'institutions mais aussi de récits de légitimations. Ainsi il constate la fin des métarécits (, 7) c'est-à-dire l'épuisement des grands régimes de discours de justifications sur l'ordre du monde « *Le récit de l'aufklarer de l'émancipation de l'ignorance et de la servitude par la connaissance et l'égalitarisme (..) Le récit marxiste de l'émancipation de l'exploitation et de l'aliénation par la socialisation du travail, (le) récit capitaliste de l'émancipation de la pauvreté par le développement techno-industrielle* (Lyotard, *Le postmoderne expliqué aux enfants : correspondance 1982-1985* Galilée 1988, 41). La théorie sociale de la philosophie devient l'outil critique du régime de la Modernité rationnelle Cette démarche dé constructioniste a suscité la critique de Jürgen Habermas reproche au courant philosophique du postmodernisme de nourrir un discours critique de type conservateur en vue de remettre en cause la pensée des Lumières « *La modernité : un projet inachevé* » *Critique, numéro 413, octobre 1981, pp.960-967.* ». Pour le philosophe allemand, la matrice (la Modernité) doit être sauvée de la machine (La domination)

Esthétique scolastique : La postmodernité traduit de manière directe le passage d'une esthétique scolastique à une érotique de la consommation. Pour situer l'esthétique scolastique il faut à mon sens revenir au cadre donné de la philosophie médiévale pour qui depuis l'antiquité tardive et saint augustin présuppose un modèle aristocratique de la connaissance de l'homme et di monde. Dans cet optique, l'universel est d'abord saisie en terme de construction universalisante des généralités : cela revient à faire de la pensée (et donc de l'intellect) non pas un mode de connaissance (sophiste), mais un principe actif de l'universel (raison, divin, scolastique) : séparé ontologiquement du monde temporel, sensible et corporel. Dans ce cadre, l'Education esthétique à partir du questionnement platonicien par (notamment dans la République) vise à l'établissement pratique de cette méthodologie de l'universel qui est pensé comme une éthique de la perfection humaine, propre et à atteindre par là la finalité en vue de laquelle l'homme a été créé. (« Al Insan al kamil »). De ce fait l'esthétique en terme philosophique est tour autant une éducation pratique qu'une discipline reposant sur une finalité de perfection dont la félicité est le souverain bien. Dans ce cadre donné, l'acquisition de la connaissance intellectuelle et l'apprentissage des vertus constituent donc les deux idéaux pour lesquels le philosophe doit définir son idéal. Un idéal où l'homme est d'abord un « animal politique » qui ne peut être guidé que par un comportement moral satisfaisant. Cela renvoi à son principe vital, ce que nous appellerions aujourd'hui son organisation. L'âme pour le disciple de Socrate est une définition dynamique et en perpétuel mouvement « *Or, parce que l'âme est de la nature du Même, de l'Autre et de l'essence intermédiaire, qu'elle est un mélange de ces trois principes, qu'elle a été divisée et unifiée en due proportion, qu'en outre elle tourne*

30

sur elle-même, toutes les fois qu'elle entre en contact avec un objet qui a une substance divisible ou avec un objet dont la substance est indivisible, elle déclare par le mouvement de tout son être à quoi cet objet est identique et de quoi il diffère, et par rapport à quoi précisément, dans quel sens, comment et quand il arrive aux choses qui deviennent d'être et de pâtir chacune par rapport à chacune, et par rapport aux choses qui sont toujours immuables. » (TIMÉE/37c-38d). Elle induit non seulement la question de l'homme mais aussi son rapport à l'éducation et à son devenir : *Si cette disposition est fortifiée par une bonne méthode d'éducation, l'homme devient complet et parfaitement sain, et il échappe à la plus grave des maladies. Si, au contraire, on a négligé son âme, après avoir mené une existence boiteuse, il retourne chez Hadès, imparfait et insensé.* » (TIMÉE/45a-46b).

Ceci relève de ce que l'on qualifie d'aristie du <u>grec ancien</u> ὰ ριστεία / *aristeía*,signifiant « supériorité individuelle ». A un premier stade il est le récit de l'héros individuel et individualiste qui de l'Achille de Homère au crépusculaire Don Quichotte de Cervantès célèbre les vertus d'un modèle aristocratique et de son type d'éducation. Cet éthos de la morale supérieur, identifiée à une élite explicite sociologiquement un moment historique de l'occidentalisation entendu comme processus d'acquisition de l'esthétique scolastique.

Section 3 Al Adl wal ihsane : Raison et déraison de l'idéologie dominante, critique d'un essai de construction sociale

Dans le débat public marocain, la problématique de l'islam politique a souvent été traitée de manière culturaliste ou à tout le moins hors contexte. En effet, trop souvent l'idéologie de la médiacratie a portée la main à la construction confortable d'un mouvement sans réalité sociale vérifiable en dehors de quelques espaces urbains et universitaires. L'analyse d'Al Adl wal Ihsan nous offre souvent l'exemple de ce traitement caricaturale d'une organisation sur-interprétée et trop parfois sur-idéologisée.

L'idéologie (c'est-à-dire une conception du monde avec ses valeurs) est souvent une dénomination utilisée de manière confuse dans le débat politique ou intellectuelle, elle est souvent présentée comme une rhétorique propre à biaiser la réalité du monde social, un sophisme pour opacifier le réel ou les véritables enjeux.

COSMOPOLITISME ET POSTMODERNITE

L'idéologie peut être utilement envisagée en ayant à l'esprit le fait qu'un même phénomène recouvre des réalités différentes en fonction du prisme au travers duquel l'observation est conduite. A partir de cet ordre d'idée, les rapports entre idéologie et culture entendu comme culture sociale d'un groupe déterminé doivent se comprendre au sens d'une vision rationnelle de l'idéologie comme processus de construction d'une identité, de liens d'appartenances. Raymond Boudon et Pierre Bourdieu sont étonnamment proches dans cette vision des choses. En effet, pour ces deux sociologues épistémologiquement rivaux l'idéologie prend un aspect social voire sociologique certains : En effet, l'idéologie notamment des classes dominantes produit des idéologies propres à leurs besoins spécifiques.

Boudon défini ce qu'il dénomme l'idée et son lien avec l'acceptation sociale qu'il qualifie de « cycle des modes » « On a fréquemment noté que les idées, ou du moins certaines catégories d'idées, paraissent asservies à ce qu'il est convenu d'appeler des cycles de la mode.»

On peut en voir un exemple paradigmatique dans la construction sociale et intellectuelle d'un mouvement tel que Adl Wal Ihsan .

En effet, Al Adl wal Ihsan offre le parfais exemple d'un sous sous-produit idéologique sujet à caution, un produit sur interprété lié à l'action historique d'un homme : Abdeslam Yassine.

Notre thèse relève d'une étude qualitative menée entre septembre 2009 et septembre 2011 sur différents terrains du centre du pays (Casablanca, El Jadida, Azemmour). Ceci à partir de 567 personnes représentantes la société civile (ONG, institutionnels, citoyens) pour la majorité des questionnées (prés de 70%) ceux ci sont non marqué politiquement mais se sont révélés des observateurs et observatrices pertinents de la scène politique. Pour les 30% ce sont pour la plupart des sympathisants et des militants de divers obédiences (islam politique, socialiste, communiste, libéraux, istiqlaliste) Cette étude nous conduit à affirmer que non seulement : ce courant n'est pas un mouvement majoritaire dans l'islam politique; mais qu'il n'est d'ailleurs pas non plus un acteur essentiel dans le champ de l'activité sociale ; contrairement par exemple au mouvement des diplômes chômeurs dont la force sociale et politique est trop souvent sous estimée à dessein par les observateurs. Comment expliqué ces deux poids deux mesures dans le traitement intellectuel et médiatique?

Pourtant le discours social médiatique focalise sur les militants de ce mouvement, estimé à prés de 100 000 membres actifs. Il est souvent dit par paresse comme par habitude de pensée que du fait de la clandestinité de ce courant, sa force est invérifiable et donc de ce fait prêtant à toutes les sur interprétations. Al Adl wal Ihsan est devenu un spectre, un fantôme autour du quel se tourne de manière obsidionale les Hamlet faussement inquiets ou véritablement complices.

Ce qui intéressant ce n'est pas tant de vérifier avec l'armée des exégètes professionnels la force militante de ces acteurs ce qui est toujours sujet à caution vu « la clandestinité officielle » de ce courant; que de voir quels sont les paramètres expliquant la machine de construction sociale et médiatique permettant à ce mouvement de sur exister éditoriale ment dans certains espaces sociaux liés par une alliance (faussement paradoxale) entre conservateurs et proto Gauchiste, les deux pôles nostalgiques des années 70 . Nos entretiens qualitatifs se prévaut d'une certaine neutralité axiologique sans prétendre à l'exhaustivité , ni à la globalité elle a voulu solliciter aussi bien les fonctionnaires d'État en charge de ce mouvement que des anciens militants de ce mouvements, ce petit champ d'expertise a été volontairement limité à une dizaine de personnes tant étant entendu que notre projet n'est pas de dresser une énième cartographie de ce courant politique que de comprendre quels en sont les facteurs explicatifs de type limitatif. Notre thèse est que ce mouvement est largement surévalué non seulement par le récit médiatique mais aussi par le récit de certains réactionnaires nostalgiques de la militarisation de l'ordre public. Dans l'optique de l'étude de l'islamisme politique qu'il correspond grosso modo à un effet de « mimétisme de classe » la classe moyenne observatrice de la politologie se reconnaissant culturellement avec un mouvement marqué par un taux de diplômés, de jeunes et de femmes nettement supérieur à la moyenne de l'offre politique à l'exception du PJD (pour un spécialiste fonctionnaire de son état les chiffres sont de l'ordre de 80 à 90 %)

Dans l'optique de certains secteurs conservateurs, nostalgique de l'ancien ordre des choses, établir un « ennemi » tels qu'Adl Wal Ihsan renvoie à un moyen efficace de politiser certains segments au détriment des autres et retarder le processus de libéralisation.

Nous savons que la présence de ces militants relève d'abord d'une présence urbaine marquée par une sociologie différenciée, majoritairement issus d'une classe « fonctionnariale » dans des villes d'administration telle que Rabat, elle se diversifie de manière néanmoins modérée avec un rôle plus important de certains secteurs marchands dans une ville telle que Casablanca ou une dans de moindre proportions dans une bourgade telle qu'Azemmour. Dans la composante militante, il faut bien entendu mettre l'espace universitaire conçu comme l'espace politique d'expression pour une majorité des jeunes militants du mouvement se diversifie selon la place des universités, leur implantation est importante notamment dans les facultés de lettres mais aussi dans certaines facultés de droit réputées socialement plus favorisées (nous avons ainsi été les témoins des formes de protestations dans l'université de Mohammedia) , mais à ces facteurs se surajoute un autre moins développé qui à mon sens est d'importance : L' implantation dans des zones étudiantes marquées historiquement par le rôle de la Gauche militante comme Rabat ou Salé . Cette présence avérée semble à tout le moins marquée par un transfert explicite de la mémoire militante d'une certaine Gauche politique et idéologique que déjà G Kepel et François Burgat relevaient dans les champs égyptiens et algériens des années 80 et 90. Ce transfert de la mémoire c'est-à-dire cette volonté de politisation de l'espace universitaire est elle restée de l'ordre strictement dans le cadre des mouvements sociopolitiques de type islamistes? N'est elle pas aussi effective dans la vision qu'on eu certains spécialistes et certains journalistes de ce mouvement en en lui donnant une lecture excroissance exorbitante ?

Le champ des sciences sociales, note Bourdieu, est dans une situation très différente des autres champs scientifiques : du fait qu'il a pour objet le monde social et qu'il prétend à en produire une représentation scientifique, chacun des spécialistes y est en concurrence non seulement avec les autres savants, mais aussi avec les professionnels de la production symbolique (écrivains hommes politiques, journalistes) et, plus largement, avec tous les agents sociaux qui, avec des forces symboliques et des succès très inégaux, travaillent à imposer leur vision du monde....Ainsi du point de vue du degré d'autonomie à l'égard des pouvoirs externes, publics ou privés, la science sociale se situe à mi-chemin entre deux limites : d'un côté, les champs scientifiques les plus purs comme les mathématiques, où les producteurs n'ont d'autres clients possibles que leurs concurrents...de l'autre, les champs politiques ou religieux, ou encore journalistique, où le jugement des spécialistes est de plus en plus souvent soumis au verdict du nombre sous toutes ses formes, plébiscite, sondage, chiffres de vente ou audimat et qui accordent aux profanes le pouvoir de choisir entre des produits qu'ils ne sont pas en mesure d'évaluer. (P. Bourdieu. "Le pouvoir de science" in ARSS, No 106-107.Mars 1995, p.5.)

Les questions contemporaines liées à l'après 11 septembre semblent avoir accentué une impression de flottement intellectuel sur fond de crise des sciences sociales. La fragmentation des sciences sociales, la crise des modèles théoriques (structuraliste et marxiste) a de manière interne accentuée l'effet de durcissement des frontières disciplinaires. Cet effet de fermeture malgré les dénégations et les fréquents appels à la transdisciplinarité à redessiner des féodalités érudites ou chaque domaine d'étude se réduit trop souvent au monopole épistémologique d'un courant d'idée. Ce processus à multiplier les chapelles dont langues distinctives et mandarins reconnus établissent les contours de petites souverainetés jalouses de leur indépendance.

Le marché de l'islam étant à occuper, profitant de la balkanisation, différents espaces alternatifs ont émergé dans l'espace intellectuel. L'essayisme extra académique et les ouvrages de commandes se sont multipliés autour d'experts autoproclamés du terrorisme, de l'islam et autres études liées à l'islamisme politique

Dans ce questionnement la confusion, entraîne l'intrusion des médias dans la définition du cadre de légitimité des différentes questions religieuses. L'islam devient l'apanage d'une certaine catégorie de 'spécialistes' reliant la légitimité du théologien et de celle de l'islamologue. Ainsi, le sens commun médiatique permet l'onction de différents intellectuels : qualifiant tout intervenant sur les questions religieuses et les pratiques culturelles d'islamologue. Cette nouvelle fonction visant à donner une vision essentialisé des groupes sociaux en axant uniquement l'objet vis-à-vis de certains mouvements sectaires tels qu'Adl Wal Ihsan.

Ce courant intra et extra académique) se veut au centre de la construction d'une nouvelle pensée experte sur l'islam au prix de l'effacement de tout principe méthodologique des sources (Bibliographie éparse, absence d'appareil critique sur les documents usités) ; le but est non de discuter scientifiquement des questions soulevées mais de restreindre le canal de la critique scientifique au bénéfice de la représentation médiatique des idées. A partir d'un positionnement médiatique ces nouveaux spécialistes de l'islam radical occupent habilement les canaux d'interprétation laissés libre par la crise de l'orientalisme classique. La méthodologie de ces nouveaux experts consiste à essentialiser les textes étudiés (Le Coran) rapporté directement sans distanciation au fait contemporains (Terrorisme, 11 septembre). Le texte expliquerai le contexte à tout moment et à tout lieu. Les sources étudiées (Tradition prophétique des hadiths) ne sont pas hiérarchisées ou historiquement resituer. L'approche vise concrètement à construire un nouveau mode d'interprétation majoritaire censé remplacer les lectures jugées désuètes de l'islamologie classique. A l'histoire et l'anthropologie est substituée la politologie et la psychologie comme outil d'analyse de l'Autre. Un Autre structuré uniquement dans la banlieue de Rabat et de Salé : le mouvement d'Adl Wal Ihsan

Pour autant derrière, il faut dans cette dérive poindre la responsabilité d'une certaine tendance des sciences sociales à ne plus voir le monde social jugé trop complexe et donc difficile à analyser. Dans un processus d'individualisation les sciences sociales ont longtemps fondu ensemble la culture, l'organisation sociale et l'individu avant de succomber à une parcellisation des objets et des méthodes lié à la fragmentation des disciplines. Ce procès est le produit successif de la foi dans le progrès et le désenchantement qu'il a ensuite provoqué : désenchantement de l'ordre social et de l'état national qui dés les années 60 semble avoir accompagné l'émiettement disciplinaire des sciences sociales.

Face à la crise de l'étude de la réalité sociale, cette lecture insiste sur une montée en généralité apte à saisir une connaissance collective qui est plus que la coïncidence d'opinions sur un sujet donné ou bien plus que l'assemblage de connaissances appartenant à des individus indépendants dans l'objectif de coopérer. Cette troisième possibilité consiste à affirmer que la connaissance collective a sa vie à part, indépendamment des consciences individuelles qui la soutiennent. L'approche totalisante introduit le problème des grandes constructions théoriques telles que système, structure ou culture. Les constructions généralisantes en question sont montées sur la base de la supposition d'une connaissance collective dont le principe d'organisation est à rechercher. Cette communauté s'élève d'un couple à des formations sociales de plus en plus grandes : le groupe, le parti politique, l'union, la nation, toute l'humanité. A partir de cet état de fait, s'est organisé de la part de certains spécialistes du monde arabe, un désinvestissement théorique et pratique envers tout ce qui pouvait ressemblait à une démarche pluri ou transdisciplinaire. Cet isolement organisé a ainsi approfondi une fétichisation des outils d'analyse, un repli sur soi dont l'objet d'étude s'est fait le reflet.

L'alliance actuelle marquée par le mouvement du 20 février entre les islamistes du mouvement Adl Wal Ihsan et les Gauchistes; caractérise une structure d'alliance politique qui n'est pas nouvelle; formée déjà dans les années 70. Concernant le champ de la contestation islamiste; le mouvement d'Abdeslam Yacine inaugure une figure singulière relevant à la fois des pratiques confrériques marocaines et des pratiques de politisations identiques à d'autres mouvements islamistes (syndicats; organisations professionnelles; etc.)

A partir des années 80, le corpus sacré est investi en tant que mode de contestation politique et idéologique ; on peut comprendre ce processus par une lente sédimentation de différentes couches sociologiques.

Les premiers acteurs sont pour la plupart issus dans les années 80 des pôles marginaux de l'université marocaine (sciences naturels; lettres et sciences islamiques).

Ils sont rejoints dans les années 90 par une nouvelle génération issue des écoles d'ingénieurs et des facultés de Médecines

Enfin dans les années 2000; suite à l'effet naturel de notabilité ; les nouveaux militants sont pour la plus grande majorité issus du travail militant endogène et ont pour la plupart un cursus dans le pôle mondain de l'université (Droit et politique)

Ce courant pluriel se veut en rupture avec le modèle traditionnel cognitif détenu par les Oulémas dans l'ordre des institutions religieuse (Al Azhar, Zehrouna, Quarawiyya), une bifurcation par l'ordre du savoir produit de la modernisation c'est-à-dire d'un effet de démocratisation de l'enseignement supérieur. Les méthodes d'analyses modernes sont mises au service d'un absolu en réfutant toute médiation incarnée par la tradition juridique accusée d'être au service de l'ordre politique dominant.

Nous avons à faire à une nouvelle élite dominée de type hybride liée à l'importation d'une culture issue de l'occident par l'intermédiation des intellectuels laïcs et d'autre part la perpétuation des catégories éthiques véhiculées par l'ancien ordre cognitif : la mosquée, le net (après la K7 dans les années 80) , la prédication institue une présence matérielle parce que parlée donnant au locuteur de diffuser la doctrine et les concepts au niveau quotidien, émotionnel, existentiel ; de ce fait nous assistons à un savoir de nature tribunicienne et rhétorique légitimant le discours doctrinal, politique. Cet ordre est pour une part infime traduit d'un bagage de la culture occidentale porteur d'une politisation de style contestataire.

Cette nouvelle configuration n'est pas nouvelle en soi comme je le répète pourtant de long en large il est édicté l'importance du mouvement d'Al Adl wal Ihsan alors qu'en définitive ce mouvement ne représente qu'une frange réduite mais bruyante du champ de l'islamisme contestataire. Le travail intellectuel est confisqué par une idéologie médiacratique qui surévalue avec plaisir la colère de marginaux politiques. Cette effet de construction est accentuée par la politique des médias qui tend à procurer un capital symbolique de notoriété à tout vulgarisateur idéologique apte à donner une lecture pédagogique et accessible à propos des événements du monde. Cette monopolisation médiatique marquée par le rétrécissement des espaces de dialogue encourage la production endogamique d'une expertise médiatique axée uniquement sur l'islamo Gauchisme. Au niveau de la diffusion, nous avons par ordre décroissant d'importance : 1. Le monde universitaire qui ne constitue plus depuis les années 80 le lieu par excellence de production de la légitimité de l'universel : l'appauvrissement intellectuel et culturel de cet espace est sans doute la première cause de la montée de l'essayisme journalistique reliée à des groupes privés. L'échec de l'université se traduit aussi par la fin d'un programme national de culture homogène unitaire « étroitement liée à la vie collective et à l'univers de la production » (Gramsci) ; elle conduit aussi à la séparation entre « *les intellectuels aux non-intellectuels.* » 2. Le deuxième mode de légitimation repose sur les moyens de communication classiques (de la presse généraliste aux revues spécialisées, de la télévision aux organismes de radios). Ce mode semble concurrencé de manière de plus en plus forte par le troisième mode de légitimation organisé sur un triple pied : les nouveaux supports du virtuel (Internet); une nouvelle conception de l'information reliée aux loisirs (info-teinment) ; une politique réduite à des techniques de politisation.

La menace islamo gauchiste est largement surévaluée du fait même de son manque d'enracinement historique notamment dans les régions rurales; pourtant nos éditorialistes friands de fausses nouveautés ont réussi à construire médiatiquement un objet largement conceptuel. Cette optique se caractérise par le narcissisme d'une vision désenchantée et inquiète de l'altérité. Les débats permanents sur telle ou telle question politique ou institutionnelle induis de donner un caractère volontairement exhaustif des différences culturelles retenues : par principe ontologiquement anxiogène (terrorisme, guerre ethnique) ou moralement exogène (polygamie, excision) .La pensée molle est dans cette attitude de perpétuel flottement entre l'ancien et le nouveau « *qui a perdu la foi dans l'ancien et ne s'est pas encore décidée pour le nouveau* » (Gramsci)

Cette pensée molle produit une idéologie dure du narcissisme culturel qui à défaut d'être explicite s'habille des ornements de l'indignation instantanée faite par des indignés professionnels habitués des plateaux de télés et autres émissions d' « esprits libres ». Par sa diffusion, cette idéologie gagne en autorité politique et sociale jusqu'à être présentée comme « intellectuellement supérieure » : acte du credo cathodique qui par la saturation de l'information légitime les portes paroles de la falsification du monde.

L'idéologie de ce journalisme sensationnaliste s'est construite graduellement sur ce consensus depuis 1989 dans un contexte de guerre culturelle, et de critique envers le multiculturalisme. Son efficacité se mesure d'abord dans sa capacité de fixer les limites du champ critique de la discussion; elle se situe ensuite dans sa compétence au développement de nouveaux concepts (ex fascisme islamique, islamo-fascisme, totalitarisme vert) applicables de manière universelle et aptes à être intégrés par les couches intellectuellement et culturellement subordonnées.

Nous assistons donc par cette légitimation de la pensée molle à la mise en ordre du champ intellectuel et culturel qui ne formalise des idées qu'après avoir été préalablement sélectionnées, synthétisées, organisées dans le cadre de l'orthodoxie.

Ce modèle idéologique se construit sur un consensus négatif des classes populaires dont les principaux lieux de la socialisation sont en crise: syndicats d'entreprise, coopératives : lieux qui permettaient la circulation du discours politique général et dont la fragmentation liée aux crises économiques à accélérer l'épuisement des modèles politiques progressistes par natures globaux. La tactique des intérêts particuliers l'a emporté sur la stratégie des intérêts généraux.

Le marché de l'essayisme devenant un substitut au marché académique officiel, les nouveaux experts profitant de l'effet d'émiettement et de fermeture des sciences sociales pour articuler un discours de l'universel transdisciplinaire et global apte à être saisi par tout le monde. Issu de la zone grise de l'expertise (entre université et cabinet d'expertise) ces nouveaux entrepreneurs de l'universel bâtissent médiatiquement un discours de dé légitimation (envers les chercheurs classiques), accusés d'avoir trop de complaisance envers le « nouveau fascisme vert ». La reconnaissance intellectuelle et universitaire n'étant plus qu'un bien rare, la réputation médiatique est devenue la nouvelle motivation pour une éventuelle consécration. Les effets de postures et de positionnement simplificateur remplaçant la réflexion et la complexité du réel.

La réduction des représentations et des pratiques prend ainsi l'aspect d'une réduction intellectuelle qui fait d'un aspect particulier (el Adl Wal Ihsan), le facteur explicatif global de toutes les problématiques ; une réduction conceptuelle qui essentialise de manière in distinguée les catégories identitaires : (ex archéo-, post ou néo-islamisme). L'islam n'échappe pas ainsi à une conceptualisation analogique. « *La conceptualisation métaphorique devient stérile dès qu'elle se réduit à la répétition mécanique d'une ressemblance qui tourne en rond dans un modèle monotone d'interprétation, soustrait par la répétition à toute contre interrogation comparative des différences* », note ainsi Passeron **(2000, p. 20).**

Dans ce cadre, l'islamologie renvoie à ce que Deleuze dit de la culture française historique trop soucieuse d'avenir et de passé ayant tendance sans cesse à faire le point, ne sachant pas devenir. « *Nous sommes toujours épinglés sur les significations dominantes. Nous sommes toujours enfoncés dans le trou de notre subjectivité, (...) les déterminations objectives qui nous fixent, nous quadrillent, nous identifient et nous font reconnaître* » **(Deleuze, op.cit., 57).** Ce que Kraus qualifie de mal moderne du diagnostique « *ni identification, ni distance, ni proximité, ni* *éloignement car dans tout ces cas, on est amené à parler pour, ou à la place de. Au contraire il faut parler avec »* Ainsi la figure de l'expert se construit donc non seulement en opposition envers le champ classique universitaire mais aussi en bénéficiant de la réduction des canaux légitimes d'interprétation et d'information. Concernant l'approche intellectualiste du monde, le philosophe Wittgenstein la caractérise par une utilisation à ses yeux inopérante de la causalité historique, l'histoire ne représente pas systématiquement des régularités causales que nous pourrons essayer de comprendre « *Nous ne pouvons prétendre sérieusement que nous sommes en mesure de rapporter ce qui s'y passe à des causes ou des responsabilités déterminées »* Le philosophe autrichien aime à critiquer cette posture qui aspire « *à dominer du regard le fait homme tout entier à partir d'une distance énorme ; un regard sur les cultures, mêmes sur la sienne propre, comme sur la ligne de crête, d'un massif montagneux à l'horizon »* **(Spengler, 101-102).** On ne peut appréhender l'époque étudiée qu'en référence à un idéal que l'on s'est fixé, cet idéal fonctionnant uniquement comme objet de comparaison ou un étalon de mesure » :« *L'idéal de nos pensées, est fixé de manière inamovible. Tu ne peux pas en sortir. Tu es obligé de faire à chaque fois machine arrière. Il n'y a pas de dehors (...) D'où vient cela ? L'idée est posée en quelque sorte comme des lunettes sur notre nez et ce que nous voyons, nous le voyons aux travers d'elles. Il ne nous vient pas du tout à l'esprit de les ôter »* **(Wittgenstein 1953,103).**

Sociologiquement, ce nouveau régime de l'érudition « prêt à l'emploi » s'est accompagné d'une technicisation des fonctions intellectuelles conçue sur le mode de l'application immédiate et utilitaire. Dans ce sens, cette légitimation se construit sur une grande parcellisation du social et une réduction des moyens d'investigation de la réalité concrète.

La conséquence d'une telle transformation de la fonction de « spécialiste de l'islam » est que celle-ci a de plus en plus été vécue sur le mode de l'expertise factuelle délimitant un discours uniforme sur les événements occupant les circuits médiatiques fournissant un nouveau modèle autorisé de la connaissance. A partir de cette technicisation, s'est construit de nouveaux discours idéologiques neutralisés par la fonction d' « expert » Cette légitimation n'est possible qu'à partir d'une certaine compatibilité apte à favoriser la reconnaissance du champ médiatique et intellectuel. Pour reprendre le modèle du sociologue Withley, le contrôle exercé par l'organisation médiatico-intellectuelle scientifique est dit « réputationnel » plutôt que professionnel. Ce modèle analyse l'attribution des réputations comme un mode de contrôle de la production et des producteurs de la connaissance légitime. Celui ci s'exerce par l'entremise de contraintes de marché plutôt que par les règles de l'ordre professionnel. Le discours sur la connaissance de l'Autre répond donc à un rapport d'interdépendance sociale (réputation) et économique (le marché) qui explique une construction disciplinaire marquée par l'incertitude technique de la tache et la fragilité des ordres de priorité (possibilités méthodologiques, phénomènes analysés). La concentration du contrôle réputationnel s'appuie sur les moyens de production médiatique et de diffusion intellectuelle des connaissances : système de communication interne composé de revues, colloques, journaux, favorise l'uniformisation et la formalisation des pratiques de diffusion et de publication, et donc la dépendance mutuelle.

Dans ce modèle, le contrôle réputationnel est directement proportionnel à la réduction de l'incertitude dans un champ de connaissances, et c'est ainsi que contrôle réputationnel (couverture médiatique, reconnaissance intellectuelle) et unité paradigmatique (rôle de la politologie, théorie de la modernisation) sont étroitement liés. De manière plus concrète par l'usage d'un discours « occidentalo-compatible », les intellectuels « modérés » exilés pour la plupart en occident structurent une double autonomie ; d'abord par rapport aux organisations concurrentes (élites arabophones, nationales médias arabes) dans l'organisation du travail de représentation ; ensuite vis-à-vis des publics non captifs, c'est à dire les « profanes ». Cela comprend entre autres le développement d'un langage et de concepts particuliers, et souvent l'usage du vocable de l'occidentalisation vu comme « nécessaire et inévitable ». Cette démarche s'accompagne d'un certain degré de fermeture sociale et d'exclusion qui, engendre un certain degré de fermeture intellectuelle cognitive. C'est la fermeture qui permet de garder le monopole de la production légitime de la représentation par ses producteurs. La spécificité des auditoires qui forgent les réputations : leur petit nombre et leur homogénéité ou leur hiérarchisation claire, augmente l'autorité de l'élite réputationnel. La réalité du monde social (pour ce qui nous concerne nous en tant que monde arabe) dont le discours sur la réforme est un avatar ne constitue pas un objet de question mais un mode de légitimation de la représentation occidentale.

A partir de ce modèle de traduction, se déploie un véritable pouvoir de régulation normative visant à ordonner de manière systématique l'altérité islamique. Tout moyen de distribution des savoirs doit se réduire à un modèle centripète de représentation du monde. Par conséquent, les « nouveaux experts » cherchent, par l'exercice du pouvoir de reconnaissance, à ramener les différents facteurs géopolitiques du monde arabe à une norme islamique ment compréhensible.

Dans un second niveau de réflexion, les logiques de pouvoirs s'incrustent dans les logiques de représentations. Un expert traducteur exerce du pouvoir d'influence lorsqu'à une intervention de sa part, une approche des cadres existants de la réalité sociale sont modifiés.

Il situe un paradigme extensif de production de la réalité sur le monde social qui dépasse en possibilité d'application, les ordres idéologiques précédents par sa déterritorialisation théorique et pratique.

En effet, ceci induit d'en comprendre les valeurs et la perception des acteurs. Par conséquent, l'analyse se fait au niveau de différents niveaux (politiques, intellectuels, identitaires et personnels) et dans une chronologie clairement définie et circonscrite.

L'idéologie médiacratique est le ciment de ce consensus minoritaire agissant ; il induit d'organiser de manière dégradée les concepts et paradigmes des sciences sociales au nom d'une lecture orientée des hommes et des cultures observées

COSMOPOLITISME ET POSTMODERNITE

Nasser SULEIMAN GABRYEL Carlos FITZJAMES

Le PJD : Un long processus d'institutionnalisation politique; la marocanisation de l'islam politique

L'accession du PJD au Pouvoir marque un long processus d'institutionnalisation initié par ce mouvement dés les années 80 lié à son origine à l'islam politique. En effet, la nomination d'Abdelilah Benkirane à la fonction de Chef du Gouvernement marque le succès d'une stratégie à long terme axé sur le légalisme politique et l'acceptation complète de l'ordre monarchique.

Cette évolution est le fruit d'un lent processus idéologique de marocanisation de l'islam politique celui-ci s'étant progressivement embourgeoiser par l'accès dans la mouvance d'une petite bourgeoisie urbaine désireuse de changement mais pas de révolution.

A partir des années 70, le corpus sacré est investie en tant que mode de contestation politique et idéologique ; comme détenteur, des jeunes diplômés dans les universités notamment dans le pôle mondain (Droit et politique) ; elle se veut en rupture avec le modèle traditionnel cognitif détenue par les Oulémas dans l'ordre des institutions religieuse (Al Azhar, Zehrouna, Quarawiyya). Elle est une bifurcation par l'ordre du savoir produit de la modernisation c'est-à-dire d'un effet de démocratisation de l'enseignement supérieur. Les méthodes d'analyses modernes sont mises au service d'un absolu en réfutant toute médiation incarnée par la tradition juridique accusée d'être au service de l'ordre politique dominant. Nous avons à faire à une nouvelle élite dominée de type hybride liée à l'importation d'une culture issus de l'occident par l'intermédiation des intellectuels laïcs et d'autre part la perpétuation des catégories éthiques véhiculées par l'ancien ordre cognitif : la mosquée, la K7, la prédication institue une présence matérielle parce que parlée donnant au locuteur de diffuser la doctrine et les concepts au niveau quotidien, émotionnel, existentiel ; de ce fait nous assistons à un savoir de nature tribunicienne et rhétorique légitimant le discours doctrinal, politique, ponctuée par les takbir (dieu et le plus grand) : Dans les années 80 et 90, l'islam politique dans son acceptation la plus large choisit la politique de la notabilisation avec en premier lieu Abdelilah Benkirane. Ce changement est dû à des raisons de sociologie , tout comme le PJD Turc d'Erdogan , le PJD a bénéficié de l'apport d'entrepreneurs de ce que le sociologue Eisenstadt qualifie d'« élite novatrices » (Eisenstadt) ou d' « élites industrialisante » («industrializing elites»).

COSMOPOLITISME ET POSTMODERNITE

Pour l'économiste Schumpeter la question de l'expansion de la connaissance technique est le cœur du progrès, elle est corrélée avec le rôle sociologique de « l'entrepreneur innovateur » véritable agent d'une part de l'innovation économique et d'autre part de la mobilisation capitalistique.

Tant sur le plan économique que sur le plan politique et culturel. Nous retrouvons les caractéristiques du transformisme idéologique (initiée dans l'Italie de la fin du XIX siècle) c'est-à-dire la capacité des élites à désidéologiser leurs appartenances afin de préserver la légitimité de leur puissance.

Cette volonté d'intégrer le système politique permet au PJD d'engranger des succès avec des militants et des cadres des mieux formés, l'ère des révolutions pour le parti est terminé celle de la gestion du Maroc est bien commencé

Carlos FITZJAMES

Section 5 Politique régionale et décentralisation marocaine

La **décentralisation**, qui représente un choix irréversible et un chantier prioritaire, a fait l'objet de plusieurs réformes, dont l'objectif est de permettre aux citoyens de disposer d'une administration de proximité, efficace, efficiente et, à l'écoute de leurs attentes et aspirations. La charte communale du 23 juin 1960 constitue le premier texte, à portée générale, en ce sens ; elle était précédée par deux textes réglementant l'élection des conseils communaux et fixant les limites territoriales des communes. Le Dahir du 12 septembre 1963 a créé un second niveau de décentralisation au niveau des Assemblées. La décentralisation au niveau **communal préfectorales et provinciales** a connu une réforme fondamentale en 1976, par l'adoption d'un nouveau cadre juridique qui a doté les communes de larges responsabilités pour la gestion des affaires locales, et qui a transféré le pouvoir d'exécution des délibérations des conseils du représentant de l'Etat au président du conseil communal qui est une autorité élue. De même, le processus de la décentralisation a été renforcé, en 1992, par la création de la Région, en tant que collectivité locale de plein exercice, qui constitue un cadre propice pour la promotion et le développement de nouveaux mécanismes et de nouvelles méthodes susceptibles de permettre une meilleure valorisation des ressources humaines, naturelles et écologiques de **la région**.

 C'est aussi un cadre spatial intégrant des dimensions économiques, sociales et culturelles, dont les fondements sont la consolidation des bases de la démocratie locale, la solidarité inter et intra-régionale et la coordination entre les différents acteurs composant la région en vue de réaliser un développement régional intégré et diversifié.

C'est ainsi que le Dahir du 2 avril 1997 fixe **l'organisation de la Région** dans le sens du renforcement des pratiques démocratiques, en permettant aux différents acteurs économiques, sociaux, politiques et aux autres composantes de la société civile, d'investir **la Région** comme un nouvel espace de réflexion de dialogue et d'action. La volonté du Roi Mohammed VI d'adapter la décentralisation en général et les institutions locales, en particulier, aux changements que connaît le Maroc, a conduit les pouvoirs publics, en 2002, à réviser profondément le régime juridique régissant les communes et les collectivités préfectorales et provinciales.

 Ce renouveau de la décentralisation se situe dans un contexte général marqué essentiellement par :

• La consolidation de la démocratie, notamment à travers la révision constitutionnelle de 1996 qui affirme l'attachement du Royaume du Maroc aux Droits de l'Homme, tels qu'ils sont universellement reconnus ;

• Le renforcement de l'Etat de droit ; • L'émergence du Nouveau Concept de l'Autorité ;

• L'organisation d'opérations électorales ayant abouti au renouvellement, au rajeunissement et à l'amélioration du niveau d'instruction des élus locaux.

Le nouveau cadre juridique régissant les collectivités locales s'articule autour des axes suivants :

• Institution d'un statut de l'élu, avec une clarification des obligations et des droits, pour la première fois dans l'histoire de la décentralisation marocaine ;

• Extension du champ de l'autonomie locale par une nouvelle conception de la grille des compétences locales, fondée sur le principe de subsidiarité , pour confier aux niveaux locaux des compétences très élargies en matière de développement économique, social, culturel et environnemental ;

• Fixation du cadre légal des transferts ultérieurs des compétences que l'Etat pourrait être amené à concéder aux collectivités locales ;

• Renforcement des mécanismes de contrôle et moralisation de l'exercice du mandat électif, pour protéger l'intérêt général et les deniers publics,

• Renforcement des contrôles externes, notamment par la création de juridictions financières, à savoir les Cours Régionales des Comptes ;

• Allègement du dispositif de tutelle par la réduction du nombre d'actes soumis à l'approbation, par la réduction des délais d'approbation, ainsi que par la délégation aux walis et gouverneurs du pouvoir d'approbation ;

• Instauration d'un nouveau régime pour les communes urbaines de plus de 500 000 habitants, par la création d'un conseil communal chargé de gérer les affaires de la commune, et par des conseils d'arrondissements dépourvus de la personnalité juridique mais jouissant d'une autonomie administrative et financière et chargés de gérer les affaires de proximité.

Par ailleurs , les communes sont dotées d'un corps particulier de fonctionnaires, régi par le Statut particulier du personnel communal du 27 septembre 1977 qui fixe les dispositions particulières applicables à ces fonctionnaires, et dont le nombre dépassant les 146 000 **cadres et agents**, a **bénéficié de cycles de** formation dans des filières répondant aux besoins de ces collectivités.

COSMOPOLITISME ET POSTMODERNITE

Aujourd ' hui , et après les réformes des lois régissant **l'organisation des communes,** **préfectures et provinces,** il apparaît nécessaire d'adapter le cadre juridique et réglementaire au nouveau contexte de la décentralisation. A cet effet, un programme de consolidation de la décentralisation a été mis en place. Il comporte la réforme des textes relatifs à la fiscalité locale, à l'organisation financière et à la comptabilité des collectivités locales. Ce dispositif vise la simplification et l'amélioration du rendement de la fiscalité locale, la mise à niveau de l'administration fiscale locale et l'harmonisation entre la fiscalité locale et la fiscalité nationale.

❖ **Les collectivités locales : outils et levier du développement local**

Les collectivités locales au Maroc sont, selon la constitution du 7 octobre 1996 : « **les** **régions, les préfectures et les provinces et les communes.** Toute autre collectivité locale est créée par loi. Elles élisent des assemblés chargées de gérer démocratiquement leurs affaires. »

Ces collectivités territoriales sont dotées de la personnalité morale et de l'autonomie financière.

Les collectivités territoriales au Maroc sont nombreuses. Elles ne suivent pas toutes les mêmes règles de fonctionnement et n'ont pas le même statut.

- Collectivité   locale
- Organe   délibérant
- Organe   exécutif
- La   région
- Le conseil régional élu au suffrage indirect à partir de plusieurs collèges de base
- Le Wali ou gouverneur de la préfecture ou de la province du chef-lieu de la région, désigné par   dahir.
- **La   province   ou   la   préfecture**
- Le conseil préfectoral ou provincial élu au suffrage universel indirect à partir du collège des   conseillers   communaux   et   des   collèges   des   chambres   professionnelles
- La   commune   (municipalités   et   communes   rurales)

- Le conseil communal élu au suffrage universel direct
- Le président du conseil communal élu par ses membres parmi le conseil communal

❖ **Les conseils communaux ruraux et urbains**

► **Le conseil communal**

C'est l'organe délibérant de la collectivité ; il élit un président qui est l'organe exécutif de la commune. Les membres du conseil communal sont élus pour 6 ans au suffrage universel direct au scrutin uninominal à la majorité relative à un tour. Le bureau du conseil est élu par le conseil ; il se compose du président et de plusieurs adjoints.

Le conseil communal dispose d'une compétence générale pour gérer toutes les questions d'intérêt communal.

Il exerce notamment les attributions suivantes :
- Il vote le budget de la commune
- Il définit le plan de développement économique et social de la commune en accord avec les orientations prises au plan national
- Il décide de la création et de l'organisation des services publics communaux et de leur gestion.
- Il décide de la participation à des sociétés d'économie mixte d'intérêt communal ou intercommunal
- Il gère la planification, la réalisation et la gestion des projets à caractère local (notamment les projets relatifs à l'assainissement liquide et solide)

► **Le président du conseil communal**

Le président du conseil communal est élu par les membres du conseil pour une durée de 6 ans.

Il est l'administrateur de la commune, l'organe exécutif du conseil communal et le principal animateur de la vie communale. Il est aussi investi de certains pouvoirs qu'il exerce pour le compte de l'Etat.

En sa qualité d'exécutif communal, le président est chargé de :
▸ l'exécution des décisions du conseil
▸ l'établissement des taxes, impôts et redevances conformément aux délibérations du conseil
▸ l'administration des biens communaux
▸ l'exécution du budget et l'établissement des comptes administratifs
▸ la direction des services communaux
▸ la représentation de la commune en justice

En tant que représentant de l'Etat, il exerce les pouvoirs de police administrative et est investi de la qualité d'officier d'Etat civil.

A noter : Le caïd, agent d'autorité locale désigné par l'Etat, est chargé du maintien de l'ordre public et dispose de la qualité d'officier de police judicaire (il intervient aussi dans les domaines suivants : droit d'association, rassemblements publics et presse, syndicats professionnels, élections...).

▸ **Les ressources**

Les communes disposent d'un budget propre dont le financement est assuré par :

▸ des ressources fiscales (taxes locales dont la taxe d'édilité, la taxe sur les opérations de construction, la taxe d'abattage etc). Les communes déterminent les modalités d'assiette, le recouvrement et la fixation des taux de certains impôts et taxes, dont certains sont réservés aux communes urbaines. A noter la grande différence de répartition de l'apport de la fiscalité communale entre les communes urbaines et rurales, 85% environ du produit de la fiscalité locale bénéficiant aux communes urbaines.

▸ des produits d'impôts ou parts d'impôts affectés par l'Etat : depuis 1985 les subventions forfaitaires ont été remplacées par l'attribution d'une part de 30% du produit total de la TVA. Cette nouvelle recette a représenté en 1997 à peu près 5 milliards de dirhams, soit près de 34% du budget total des collectivités locales. Depuis 1996, cette somme est divisée en trois types de dotations : une dotation forfaitaire, une dotation de péréquation et une dotation sanctionnant l'effort fiscal. Une deuxième masse de 30% est destinée aux charges transférées

(15%) -c'est à dire les dépenses mises à la charge des collectivités locales à partir de 1990 dans les domaines de l'éducation, de la santé, des équipements agricoles etc - aux dépenses à caractère intercommunal (10%) notamment les schémas directeurs, l'urbanisme, l'organisation de colloques et séminaires - et aux réalisations et dépenses d'urgence, conjoncturelles et à caractère exceptionnel (5%).

Cette deuxième masse devrait pouvoir diminuer progressivement, l'objectif à terme étant de réduire ces dotations à 15%.

▶ des droits et redevances divers et le produit des emprunts contractés, notamment auprès du Fonds d'Equipement Communal (FEC).

❖ **Attributions :**

En matière de développement économique et social :
▶ il définit le plan de développement économique et social de la commune, conformément aux orientations et aux objectifs retenus par le plan national et à cet effet.
▶ Initie toute action propre à favoriser et promouvoir le développement de l'économie locale et de l'emploi.
▶ Arrête les conditions de conservation d'exploitation et de mise en valeur du domaine forestier dans la limite des attributions qui sont dévolues par la loi en matière de finances, fiscalité et bien communaux.
▶ Vote le budget de la commune et examine et approuve les comptes administratifs.
▶ Fixe les taux des textes, les tarifs des relevances et des droits divers perçus au profil de la commune.
▶ Décide des empruntes à contracter et des garanties à consentir.

En matière d'urbanisme et aménagement du territoire :
▶ Le conseil veille au respect des options et des prescriptions des schémas directeurs d'aménagement urbain, des plans d'aménagement et de développement de tous documents d'aménagement du territoire

Examine et adopte les règlements communaux de construction, conformément à la législation et la réglementation en vigueur.

Le conseil communal joue un rôle très important en matière de services publics locaux et équipements collectifs quand il décide de la création et la gestion des services publics communaux, notamment dans les secteurs :

▸ D'approvisionnement et de distribution d'eau potable.

▸ Distribution d'énergie électrique.

▸ Assainissement liquide.

Le conseil veille aussi à la préservation de l'hygiène, de la salubrité et de l'environnement. Le conseil communal présente des propositions, des suggestions et émet des avis comme par exemple proposer à l'état ou autre personnes morales les actions à entreprendre pour promouvoir le développement économique social et culturel de la commune.

Il peut, en outre, émettre des vœux sur toutes les questions d'intérêt communal, à l'exception des vœux à caractère politique.

▸ **Les conseils provinciaux et préfectoraux**

La préfecture ou la province constitue le deuxième niveau de décentralisation territoriale.

La notion de **préfecture** est attribuée aux ensembles urbains et celle de **province aux circonscriptions plutôt rurales.**

La division administrative du royaume en **préfectures et provinces** s'est substituée au lendemain de l'indépendance aux régions du protectorat. Dés 1956, les pouvoirs publics ont procédé en effet à un nouveau découpage administratif qui a donné naissance à ce nouvel échelon administratif intermédiaire entre le pouvoir central et les communes à la base. Simple échelon déconcentré à l'origine, la préfecture et la province ont été érigées en collectivités locales dés 1962 par la première constitution.

Les modifications successives apportées au découpage **préfectoral et provincial** ont visé la constitution d'unités territoriales de plus en plus réduites à même de rapprocher l'Etat des citoyens, de favoriser l'équipement et de promouvoir la développement économique et social du territoire.

Le statut de cette collectivité territoriale est fixé par le **dahir N° 1-02-269 du 25 rejeb 1423 (3 octobre 2002)** portant promulgation **de loi N° 79-00** relative à l'organisation des collectivités **préfectorales et provinciales,** qui disposent, en son titre premier **(Art.1)** que : « les préfectures et les provinces sont des collectivités locales dotées de la personnalité morale et de l'autonomie financières ». et selon, **l'Art.3 de la loi 79-00,** les affaires de la collectivité préfectorale ou provinciale sont gérées par un conseil élu, dont la durée du mandat et les conditions d'élection sont prévues par les dispositions de la loi formant code électoral. (La durée du conseil)

Le Wali ou le Gouverneur de la préfecture ou de la province assure l'exécution des délibérations du conseil préfectoral, dans les conditions fixées par la présente loi.

Pour assurer le développement économique, social et culturel, le conseil préfectoral ou provincial et **selon l'Art.35**, règle par ses délibérations les affaires de la province ou de la préfecture, dans le respect des attributions dévolues aux autres collectivités locales.

Et dans les limites du ressort territorial de la préfecture ou de la province, et pour assurer le plein développement économique, social, et culturel de la préfecture ou de la province, le conseil préfectoral ou provincial **selon** l'**Art.36** :

▸ **Examine** et vote le plan de développement économique et social de la préfecture ou la province, conformément aux orientations et objectifs du plan national.

▸ **Arrête** et vote les programmes d'équipement, et de développement et de mise en valeur.

▸ **Engage** les actions nécessaires à la promotion des investissements notamment la réalisation ou la participation à l'aménagement, l'équipement ou la promotion de zones d'activités économiques.

▸ **Engage** à titre propre, ou en partenariat avec l'Etat, avec la région ou avec une ou plusieurs communes rurales, toutes actions de nature à promouvoir le développement rural et à soutenir les programmes d'équipement du monde rural.

▸ **Participe** à la réalisation et à l'entretien des routes préfectorales ou provinciales.

▶ **Contribue** à la réalisation des programmes d'habitat ou de restructuration de l'urbanisme et de l'habitat précaire dans les milieux urbain et rural.

▶ **Veille** à la **protection** de l'environnement.

▶ **Prend toutes les actions** nécessaires à la promotion du sport, de la culture et de l'action sociale ou y participe.

▶ **Engage** toutes les actions de solidarités sociales et participe à toute oeuvre à caractère humanitaire.

▶ **Décide** de la conclusion de tout accord ou convention de coopération ou de partenariat, propre à promouvoir le développement économique et social, et arrête les conditions de réalisation des actions que la préfecture ou la province exécutera en collaboration ou en partenariat avec les administrations publiques, les collectivités locales, les organismes publics ou privés et les acteurs sociaux.

▶ **Examine et approuve** les conventions de jumelage et de coopération décentralisée, décide de l'adhésion et de la participation aux activités des associations des pouvoirs locaux, et de toute forme d'échange avec les collectivités territoriales étrangères.

Le conseil **préfectoral ou provincial** propose notamment à l'Etat et aux autres personnes morales de droit public, les actions à entreprendre pour promouvoir le développement économique, social et culturel de la préfecture ou la province, lorsque les dites actions dépassent les limites de ses compétences ou excèdent ses moyens et ceux mis à sa disposition.

D'après toutes ces compétences attribuées au conseil de la préfecture ou de la province, il nous apparaît le rôle primordial que joue ou que devra jouer la préfecture ou la province pour assurer le développement économique, social et culturel de cette collectivité territoriale.

Or, le fonctionnement du conseil **préfectoral ou provincial**, et l'exécution de toutes ces compétences et attributions, dépend des compétences du **Wali ou du gouverneur**, qui tient une place particulière dans le fonctionnement de cette collectivité, d'une part l'organe exécutif et l'organe moteur du conseil préfectoral ou **provincial**, et d'autre part le représentant de l'autorité locale dans la **préfecture ou la province**, ce qui met en doute l'importance de cette collectivité territoriale dans le processus de décentralisation et dans la mise en oeuvre des différents programmes de développement économique, social et culturel de la préfecture ou la province.

❖ **La région :**

On sait que le Maroc précolonial a connu une circonscription régionale, mais celle-ci non stabilisée d'ailleurs existait dans les limites géographiques fluctuantes, le makhzen privilégiant le commandement des hommes sur celui des territoires.

Cependant, au cours du protectorat, la création de sept régions induisant une certaine déconcentration de l'administration centrale avait pour but de doter les chefs de régions d'un certain nombre d'attributions.

C'est seulement en 1971 que **la région** réapparaît comme cadre géographique permettant l'élaboration et la mise en œuvre d'une politique d'aménagement du territoire, également comme une institution permettant une représentation des populations concernées par le développement régional.

Enfin, en 1992 en collectivité territoriale lors de la révision de la constitution, **un nouveau statut est décidé par la loi du 2 avril 1997** qui fixe le nombre des régions issues d'un nouveau découpage géographique les relevant à 16, leur nom, leur chef-lieu dans leur nouveau ressort territorial, le nombre de conseillers à élire dans chaque région.

La région est dotée d'une autonomie (financière et administrative) au même titre que les autres collectivités locales. Elle élabore le schéma d'aménagement du territoire et participe au plan national de développement économique, social et culturel.

Concrètement les affaires de la région recouvrent un domaine très vaste puisqu'elles s'étendent à tout ce qui peut contribuer au développement économique, social et culturel.

COSMOPOLITISME ET POSTMODERNITE

BIBLIOGRAPHIE

Carlos FITZJAMES « La crise de l'assimilation occidentale » in Nasser SULEIMAN GABRYEL/ SAENREDAM Soren "Les chauvinismes de l'universel " : ethno nationalisme, communautarismes et appartenances plurielles Dictus Publishing ISBN 978-3-8454-6556-2

Carlos FITZJAMES « Décentralisation et politique régionale » in SULEIMAN GABRYEL Nasser Sociologie de la gouvernance : Axe 1 théories et problèmes éd Diagauss Juin PP 67-81

SULEIMAN GABRYEL Nasser Sociologie de la gouvernance : Axe 2 « Sociologie de l'Etat » Institut euro-méditerranéen des sciences sociales IESS, Diagauss, septembre 2011

www.ingramcontent.com/pod-product-compliance
Lightning Source LLC
Chambersburg PA
CBHW030657270326
41929CB00007B/405